Ingrid Auer

Heilende Engelsymbole

Ingrid Auer

Heilende Engelsymbole

49 Schlüssel zur Engelwelt

SILBERSCHNUR

Die Deutsche Bibliothek – CIP-Einheitsaufnahme

Ein Titeldatensatz für diese Publikation ist bei
Der Deutschen Bibliothek erhältlich

Erstausgabe Verlag Hermann Bauer, Freiburg im Br. 2000

ISBN: 978-3-89845-007-2

3. Auflage 2001	6. Auflage 2003	9. Auflage 2005	12. Auflage 2006
4. Auflage 2002	7. Auflage 2004	10. Auflage 2005	13. Auflage 2007
5. Auflage 2003	8. Auflage 2004	11. Auflage 2006	14. Auflage 2007

Lektorat: Gaby Marek
Umschlaggestaltung, Buchdesign und Satz: Erich Hörmann, Wien
Druck: Finidr, s.r.o. Cesky Tesin

Verlag »Die Silberschnur« GmbH · Steinstr. 1 · D-56593 Güllesheim
www.silberschnur.de · e-mail: info@silberschnur.de

Dank

Meinen Kindern Carmen und Clemens für ihr Verständnis an meiner Arbeit und auch dafür, daß sie meine freie Zeit oft mit anderen Menschen teilen müssen; meinen Eltern für ihre großartige Unterstützung;

Gabriela Marek, die mit viel Feingefühl meinen Manuskript-Entwurf zu einem harmonischen Ganzen abrundete; Erich Hörmann, der aus den Engelsymbolen das wunderschöne Layout des Buches und die Karten schuf;

Renate Höfelmann und Renate Schey, die mir mit ihrer Geduld und Liebe viel Unterstützung gaben; meiner Seelenschwester und Freundin Deborah Koye, die mir den Zugang zur Engelwelt eröffnete; meinen Schutzengeln, ganz besonders demjenigen, der mir bei den Engelsymbolen beisteht; all meinen zahlreichen Freunden, die mir in irgendeiner Art und Weise während der Arbeit an diesem Buch hilfreich zur Seite standen.

Mein ganz besonderer Dank gilt John Randolph Price, dessen Buch *Engel-Kräfte* mich zu einigen Engelsymbolen inspirierte.

Nicht zuletzt möchte ich mich bei meiner Dualseele bedanken, durch die ich die bisher wichtigsten und wertvollsten Erfahrungen in meinem Leben machen durfte.

Inhalt

Engelsymbole

Wie alles begann

»Ich möchte dir etwas zeigen, komm mit!« Mit diesen Worten bugsierte mich meine Freundin Elisabeth aus Innsbruck in ihr Wohnzimmer. Sie holte ein Videoband hervor und zeigte mir die Aufzeichnung eines Gespräches mit Heinrich R. Hrdlicka, Penny McLean und anderen prominenten Gästen. Sie sprachen über ihre Erfahrungen mit Engeln. Engel hätte ich zum damaligen Zeitpunkt höchstens in Kinderbüchern und Religionsheften gesucht. Aber doch nicht im Fernsehen, noch dazu mit so bekannter Besetzung. Ich war sprachlos. Und ich sah mir das Band ein zweites Mal an. Meine Tochter Carmen, sie war damals zwölf Jahre alt, fand das irgendwie ganz normal, als ich ihr davon erzählte. Ich selbst war mir nicht so sicher, ob ich das wirklich glauben sollte. Das Thema Engel arbeitete in mir.

Einige Monate später erzählte mir meine Freundin Elfi, daß sie mit Hilfe ihrer Engel ihr Traumhaus gefunden hätte. Jahrelang hatte sie danach gesucht, nachdem sie aber einen Brief an die Engel geschrieben hatte, in dem sie ihr Traumhaus genau beschrieben und um Engelhilfe gebeten hatte, wurde es ihr plötzlich »zugetragen«. Ich war sprachlos. Schon wieder waren die Engel im Spiel. Sie empfahl mir damals das Buch »Warum Engel fliegen können«, und ich las es von der ersten bis zur letzten Seite in einem durch.

Dann begann ich selbst mit Engeln zu »arbeiten«. Ich wollte sie testen. Wenn das tatsächlich stimmen sollte, was da geschrieben stand, dann konnten sie sich ja gleich an die Arbeit machen. Denn zu diesem Zeitpunkt steckte ich in einer schweren persönlichen Krise. Und sie halfen mir.

Situationen und Schwierigkeiten, die nicht mit menschlicher Kraft zu schaffen gewesen wären, schrumpften und verschwanden. Nicht einmal in meinen kühnsten Träumen hätte ich auf diese Lösungsmöglichkeiten zu hoffen gewagt, die sich plötzlich vor mir auftaten. Derart gefangen las ich ein Engelbuch nach dem anderen. Dann stieß ich auf Engelkarten. Ich arbeitete zu allen möglichen Themen damit, ob beruflicher, privater, gesundheitlicher oder finanzieller Natur. Und sie halfen mir. Natürlich vergaß ich nie, mich bei den Engeln zu bedanken. Danach begann ich, meinen Klienten von meinen Engeln zu erzählen. Hinter vorgehaltener Hand – wer weiß, was die von mir dachten! Meine Angst war grundlos – der Run auf Bücher und Karten begann. Die Menschen waren offensichtlich bereit ... Und ich selbst war es auch. Ich traf Menschen, die mir dabei halfen, die Botschaften aus der Engelwelt zu verstehen. Anfangs war ich überrascht, später wurde mir das immer selbstverständlicher. Ich verstand mehr und mehr die Zusammenhänge.

Durch meinen Schutzgeist URANIOA wurde ich inspiriert, Engelsymbole zu fertigen. Ein eigener Schutzengel wurde mir dafür zur Seite gestellt. Ich fühlte mich ermuntert, ja geradezu gedrängt, die Symbole, die in mir auftauchten, in der materiellen Welt zu manifestieren und darüber ein Buch zu schreiben. Und das halten Sie jetzt in Händen.

Viel Freude beim Lesen wünscht Ihnen

Ingrid Auer

Die Engel an unserer Seite

Seit Jahrhunderten werden sie beschrieben und verleugnet, verehrt und ins Reich der Phantasie verwiesen: die Engel an unserer Seite. Sie sind immer da. Unsichtbar, lichtvoll, liebevoll. Sie sind da, wenn wir sie brauchen. Sie warten auf die Begegnung mit uns, unbeirrbar, unsichtbar, lichtvoll, liebevoll.

Schließen Sie doch einmal Ihre Augen, atmen Sie ruhig und tief, gehen Sie gedanklich zurück in die Zeit Ihrer Kindheit. Als Sie zwei, drei, vier oder fünf Jahre alt waren, fühlten Sie sich da nicht immer irgendwie beschützt? Wunderbar getröstet? Nie *wirklich* allein? Manchen von uns ist ihr Engel in den Träumen begegnet, andere erfreuten sich tatsächlich an einem unsichtbaren Spielgefährten, der ihnen Trost spendete in schwierigen Stunden. Warum sollte das heute anders sein?

Lassen wir doch einmal beiseite, was uns so stolz macht. Vergessen wir für ein paar Minuten, wie gebildet, intellektuell, informiert und rational wir sind. Es gibt Engel, Hunderte, Tausende, Abermillionen. Sie sind da und bieten uns und dem Planeten Erde ihre Hilfe an. Wenn wir es wollen.

Denn sie können uns nur dann helfen, wenn wir von uns aus den ersten Schritt wagen und unsere Bitte aussprechen. Ansonsten würden sie in unser Leben eingreifen, und das wäre aus ihrer Sicht Manipulation.

Dieses Handbuch soll dazu dienen, den natürlichen, unbefangenen Zugang zur Engelwelt, den wir als kleine Kinder hatten, wiederzufinden. Es soll helfen, den Kontakt zu diesen liebevollen, feinstofflichen, göttlichen Wesen zu festigen. Je intensiver Sie die Engel in Ihr Leben hereinlassen, je intensiver Sie mit ihnen zusammenarbeiten, desto glücklicher, erfüllter und erfolgreicher verläuft Ihr Leben.

Die in diesem Buch vorgestellten Symbole entstammen der Engelwelt. Sie helfen und dienen uns, fördern unser Wohlbefinden und unsere Weiterentwicklung und haben eine unterstützende und heilende Wirkung auf unsere Seelenstruktur.

Atmen Sie auf, seien Sie gewiß: Sie sind nie allein.

Was sind Engelsymbole?

Stecken Sie in einer schwierigen Situation? Brauchen Sie Rat, Unterstützung, Trost? Stecken Sie fest? Ihnen wird bereits geholfen.

Betrachten Sie einmal die Vielfalt der in diesem Buch vorgestellten Engelsymbole. Jedes einzelne dient Ihnen als „Schlüssel zur Engelwelt". Hinter jedem Symbol stehen ein oder mehrere Engel, die diese Symbole energetisieren und aufladen. Ihre harmonisierenden Schwingungen helfen uns, individuelle Wachstumschancen wahrzunehmen. Engelsymbole lösen Blockaden im feinstofflichen Körper auf, sie transformieren negative Energien in positive und helfen uns somit, zu innerer und äußerer Harmonie zu gelangen. Sie fördern und heilen unsere Seelenstruktur.

Engelsymbole sprechen nicht nur unser Unterbewußtsein an, sie wirken auch auf der körperlichen Ebene, da sie belastende Emotionen auflösen und seelische Lasten erleichtern können. Denn meist hat ein körperliches Symptom eine seelische Ursache, und wenn diese negativen Seelenschwingungen harmonisiert werden, kommt die Seele wieder ins Gleichgewicht. Auf diese Weise können die Selbstheilungskräfte des Körpers aktiviert werden und die Heilung fördern.

Die Engelsymbole sind im Auftrag der Engelwelt entstanden. Sie sind energetisch geschützt, ihnen kann von außen nichts hinzugefügt werden. Unterstützt werden die Botschaften der Symbole durch unterschiedliche Farbschwingungen. Diese wirken wie ein Katalysator und helfen bei der Transformation von disharmonischen Frequenzen.

Wie diese Engelsymbole im feinstofflichen, unsichtbaren Körper eines Menschen wirken, wurde in einem Aura-Studio mit Hilfe der Kirlian-Fotografie sichtbar gemacht. Nehmen Sie die Symbolkarten zur Hand, und entnehmen Sie dem Stapel die drei Zusatzkarten.

Die erste Karte „Aura vor Anwendung des Engelsymbols" zeigt die Aura eines gesunden, harmonischen, ausgeglichenen Menschen.

Die zweite Karte „Aura nach Auflegen des Symbols »Chamuel« auf Herzchakra" zeigt die Veränderung der Aura, nachdem das Symbol Nr. 44, Erzengel Chamuel, am Körper aufgelegt wurde. Es zeigt die rosa-magentafarbene Energie von Chamuel, dem die Heilung des Herzchakras bzw. des Herzens zugeordnet wird.

Die dritte „Aura nach Auflegen mehrerer Symbole" zeigt die Veränderung der Aura nach gleichzeitiger Anwendung mehrerer Symbole. Die Chakren leuchten verstärkt; die Aura veränderte sich ins Blau-Violett, die Farbe der Ruhe, der Ausgeglichenheit und der Heilung.

Machen Sie den ersten Schritt – nehmen Sie Kontakt mit diesen wunderbaren Wesen auf. Zeigen Sie ihnen Ihre Wertschätzung. Engel freuen sich, wenn Sie aus der Befragung ein kleines Ritual machen. Es muß gar nicht aufwendig sein – stellen Sie eine Blume, eine Kerze, Räucherwerk auf den Tisch. Legen Sie entspannende Musik auf. Kommen Sie zur Ruhe. Nehmen Sie die Symbolkarten zur Hand. Die »Arbeit« mit den Engeln kann nun beginnen.

Wie werden Engelsymbole verwendet?

Für den Einsatz von Engelsymbolen gibt es eigentlich keine Begrenzungen – am besten ist es, Sie folgen Ihrer Intuition.

Reinigung

Alle weißen und klaren Engelsymbole neutralisieren und reinigen negative Energien und Schwingungen. So können Sie Steine und Blütenessenzen reinigen, indem Sie die Engelsymbol-Karten darunterlegen. Am stärksten reinigen die Symbole Nr. 4 *Engel für Reinheit und Klarheit*, Nr. 45 *Erzengel Gabriel* und Nr. 49 *Erzengel Metatron.*

Energetisierung/Aufladung

Aktivieren Sie die Heilungskräfte Ihres Körpers. Legen Sie die Engelsymbole auf Ihre Chakren (siehe Kapitel *Aura und Chakren*) oder die den Symbolen zugeordneten Körperzonen.

Für das Energetisieren von Wasser legen Sie ein Engelsymbol unter das Wasserglas oder unter die Blütenmischung. Nach ein paar Minuten ist das Wasser energetisch verbessert. Das Symbol Nr. 6 *Veränderung und Verwandlung* ist dafür sehr gut geeignet. Das gleiche gilt für Nahrungsmittel – die Lebensenergie, das Chi der Nahrungsmittel, erhöht sich.

Auch die feinstoffliche Energie von Massageölen, Blütenessenzen und Edelsteinessenzen wird durch ein Engelsymbol verstärkt, wenn Sie ein

Symbol darunterlegen. Am besten hierfür eignet sich das Symbol Nr. 47 *Erzengel Uriel.*

Hilfestellung für Heilungsprozesse

Engelsymbole weisen auf mögliche seelische Hintergrundthemen bei Unwohlsein und Krankheiten hin. Lesen Sie im Kapitel *Engel für körperliche und seelische Symptome* nach, welcher Engel für welches körperliche Problem um Hilfe gebeten werden kann.

Erhöhen Sie die energetische Schwingung in Wohnräumen, aber auch im Therapieraum, indem Sie eine Engelsymbol-Karte im Raum aufstellen.

Rat und Unterstützung

Mischen Sie die diesem Buch beigefügten Symbol-Karten, legen Sie diese im Halbkreis verdeckt aus, und ziehen Sie ein Symbol. Lesen Sie nach, welches Thema zur Bearbeitung ansteht bzw. welcher Engel Ihnen bei Ihrem Anliegen helfen könnte.

Mehr zu den verschiedenen Legesystemen lesen Sie in den Kapiteln *Legesysteme, Schutzkreise* und *Fernheilungen.*

So arbeiten Sie mit diesem Buch

Wählen Sie Ihr Engelsymbol

... also den Engel, der Ihnen in Ihrer derzeitigen Lage am besten weiterhilft – Ihren Ansprechpartner sozusagen. Sie meinen, das wäre schwer, immerhin werden in diesem Buch 49 Engel vorgestellt? Ich meine, den richtigen Engel zu finden, ist nicht so schwer. Er wird Ihnen die richtigen Impulse zukommen lassen. Sie erkennen ihn:

intuitiv aufgrund des Aussehens
durch spontanes Ziehen aus dem Halbkreis
durch Auspendeln
oder exakt mittels kinesiologischen Muskeltests

Wählen Sie Ihr Engelsymbol

Engel haben zwar Verständnis dafür, wenn Sie ab und zu im alltäglichen Morgenstreß Ihre Engelsführung schnell fragen, wer Ihnen an diesem Tag am besten hilft. Aber sie freuen sich um so mehr, wenn Sie aus der Befragung ein kleines Ritual machen. Auch können sie besser mit Ihnen in Kontakt treten, wenn Sie sich in einer ruhigen, aufnahmebereiten Stimmung befinden.

Achten Sie auf eine entspannte Atmosphäre. Blumen, Kerzenlicht, Räucherwerk, meditative Musik helfen Ihnen dabei. Setzen Sie sich an Ihren Tisch und bitten Sie Ihren persönlichen Engel, die Erzengel, aber auch alle sonstigen Helferengel an Ihre Seite.

Bestimmen Sie Ihren Schwerpunkt

Es gibt eine Vielzahl von Themen, die Sie mit Ihrem Engel bearbeiten können. In meinem Buch gehe ich auf alle vorgestellten Schwerpunkte explizit ein. Sollte nichts Aktuelles anfallen, ist die Tageskarte immer ein guter Einstieg, um ein Gefühl für die Botschaften aus der Engelwelt zu bekommen.

Interpretieren Sie die Botschaften aus der Engelwelt

Bevor ich Sie mit diesem Buch »allein« lasse, möchte ich gerne mit Ihnen durchspielen, wie Sie am effizientesten damit arbeiten. Nehmen wir an, Sie haben sich Zeit genommen, eine kleine Kerze brennt vor Ihnen. Sie haben sich entschieden, eine Karte aus dem Halbkreis zu ziehen und sich von Ihrem Tagesthema überraschen zu lassen. Und hier ist sie schon – die Nr. 8: Der *Engel für Richtung und Ziel.*

Wie ein leuchtendes Rad erscheint das Symbol, dynamisch, leuchtend, aber stabil – wie ein Wagenrad. Der Kreis in der Mitte gibt allen Richtungen Schwung, er selbst aber ist im Zentrum. Und das Rad kommt voran ...

Sie sind nun neugierig geworden, möchten mehr wissen. Nehmen Sie das Buch zur Hand.

»Ich kenne meine Ziele und erreiche sie auch.« Kommt Ihnen das bekannt vor? Ist dies der Leitspruch Ihres Vaters? Ihr eigener? Haben Sie damit zu kämpfen, sich realistische Ziele zu stecken und auch zu verwirklichen? Wie auch immer, die in diesem Spruch enthaltene Weisheit umschreibt Ihr »Kernproblem«. Oder sagen wir besser, Ihre Entwicklungschance. Es macht Sie aufmerksam, in welchem Lebensbereich oder zu welchen Erfahrungen Sie Unterstützung benötigen. Es zeigt Ihnen an, mit welchen Themen sich Ihr Unterbewußtsein gerade beschäftigt.

Wenn Sie sich mit diesen Gedanken vertraut gemacht haben, lesen Sie weiter. Unter der Rubrik »Weitere Themen« finden sich Bereiche, die mit Ihrem Thema in Zusammenhang stehen könnten: Im Einklang mit Mutter Natur leben; sich weder in der Vergangenheit noch in der Zukunft verlieren; bewußt im Hier und Jetzt leben.

So gehen wir von der geistigen auf die fühlbare Ebene, zum Körper. Es ist interessant, daß sich Orientierungslosigkeit oft in den Gelenken, und hier speziell in den Fußgelenken, finden läßt. Es fällt jemandem vielleicht schwer, im Leben Fuß zu fassen, weil er seine Richtung nicht kennt, oder er schafft es nicht, seinen eigenen Standpunkt zu vertreten.

Und so werden Sie nicht darum herumkommen, sich auch mit Ihrer Seele, Ihren Mustern, Ihren Schattenseiten auseinanderzusetzen. Oder sagen wir besser: zusammenzusetzen – denn der Körper ist ja nur der Spiegel der Seele. Und jedes körperliche Problem zeigt ein seelisches an, das oftmals versteckt ist. Es ist wie beim Fernsehen – auf der einen Seite sieht man etwas Vordergründiges, Sichtbares, sozusagen auf der Bühne des Lebens. Ich nenne es das Einser-Programm. Da verstaucht sich zum

Beispiel jemand den Knöchel und muß kurz vor seinem Urlaub ins Krankenhaus. Oder es passiert sogar während der Ferien. Programm Eins. Im Zweierprogramm aber zeigt sich ein anderes Bild, da wird die seelische Bedeutung der »Gelenkschmerzen« präsentiert. Da weist der verstauchte Knöchel darauf hin, daß dieser Mensch Schwierigkeiten hat, die Vergnügungen des Lebens anzunehmen – er oder sie strauchelt sozusagen über die eigene Unbeugsamkeit. Und gibt vielleicht auch noch anderen die Schuld ...

Nun ist ja Hilfe da. Unterhalb des Symbols finden Sie den Namen des Engels, der Ihnen weiterhilft – Ihren Ansprechpartner –, und die dazugehörige Affirmation. »Ich kenne meine Ziele und erreiche sie auch.« Womit wir wieder beim Anfang wären – doch nun liegt eine Welt der Erfahrung und der Erkenntnis dazwischen. Nützen Sie die Heilkraft dieser Affirmation – wiederholen Sie diese laut und in Gedanken, auch tagsüber, so lange, bis sie vollkommen in Ihr Bewußtsein gedrungen ist. Nützen Sie auch die Meditation. Stellen Sie sich vor, Sie sind der Fisch, der bis an seine Quelle zurückschwimmt. Kommen Sie in Kontakt mit Ihrer Kraft.

Am besten ist es, wenn Sie die Meditation eine Zeitlang zu einem allabendlichen Fixpunkt machen. Zünden Sie sich eine Kerze an, setzen Sie sich bequem hin, und spielen Sie Ihre Reise bewußt durch. Sie können sich den Text auch auf Band sprechen oder von einem Partner/Freund vorlesen lassen.

So, nun ist mein Part vorbei. Viel Freude, viel Erleben, viel Weisheit, viel Erfüllung – das wünsche ich Ihnen bei Ihrem Kontakt mit der Engelwelt.

1

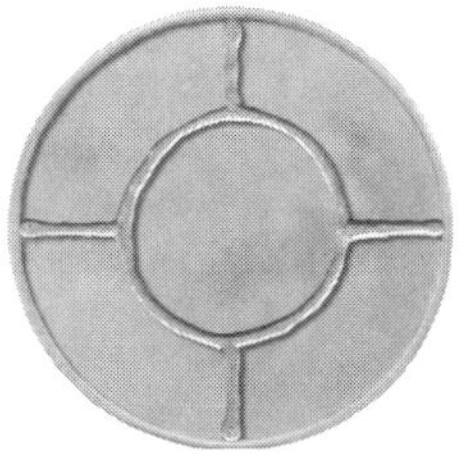

Engel für Glauben und Vertrauen

»Ich glaube und vertraue darauf, daß alles in meinem Leben seinen Sinn und seine Berechtigung hat.«

Grundthema ▪ Mit Hilfe dieses Engel(symbol)s können wir es schaffen, unsere Zwänge, Vorstellungen und Wünsche loszulassen und darauf zu vertrauen, daß sich alles so erfüllen wird, wie es für uns am besten ist. Wir können mit dem Kämpfen aufhören und darauf vertrauen, daß alles im Leben seinen Sinn und seine Richtigkeit hat. Wenn wir auf unsere innere Stimme hören, wird sie uns sagen, was für uns richtig und wichtig ist, egal, wie die Meinung anderer ist. Loslassen und Vertrauen bringen uns weiter als Wollen und Kämpfen.

Weitere Themen ▪ Erschaffung der eigenen Wirklichkeit – lernen, auf die eigene innere Stimme zu hören – absolutes Vertrauen – dem ersten, inneren Impuls folgen – bereit sein für die innere Reise der Selbstbetrachtung – Traumarbeit.

Körperliche Zuordnung ▪ Hypophyse – Kopf – Depression

Hypophyse/Hirnanhangdrüse/»3. Auge«: Einsicht; nach der inneren Uhr, nach dem inneren Rhythmus leben.
Kopfschmerzen: Kopflastigkeit; Überbetonung des Intellekts; Perfektionismus; sich etwas in den Kopf setzen; mit dem Kopf durch die Wand wollen; sich etwas vormachen; das berühmte »Brett vorm Kopf« haben.
Depression: unterdrückte Aggression, oft gegen sich selbst gerichtet; Flucht vor Streß; unterdrückte Trauer.

Seelische Hintergrundthemen

Meditation

Ein lauer Sommerregen hat dich erwischt, doch du hast es richtig genossen. Du fühlst dich erfrischt, wie wenn er dir deine Sorgen weggewaschen hätte. Nun scheint wieder die Sonne, und sie trocknet dir die Haut. Du blickst zum Himmel – er ist wolkenlos. Unschuldig und hellblau leuchtet er dich an. Da lachst du ihm zu, denn ihr teilt ein Geheimnis: Nichts im Leben kann dir geschehen! Und mehr: Alles, was geschieht, ist nur zu deinem Besten. Du läßt dieses himmelblaue Versprechen ganz tief in dich einströmen. Dein Urvertrauen kehrt zurück. Es wird immer alles gut.

2

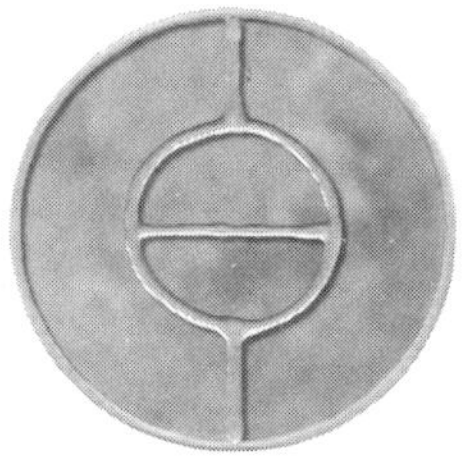

Engel für Liebe und Selbstliebe

»In dem Ausmaß, wie ich mich selbst liebe, kann ich andere lieben.«

Grundthema ▪ Mit Hilfe dieses Engel(symbol)s können wir unser Leben harmonischer und liebevoller gestalten. Wir können mit unserer und der Unvollkommenheit anderer besser zurechtkommen. Liebe ohne Bedingung wird unser Ziel. Liebe, die nichts erwartet und nichts fordert. Es gelingt uns auch immer besser, uns und unseren Körper zu lieben und zu akzeptieren. Wir dürfen uns der Schönheit des Lebens öffnen, Farben, Formen, Düfte, Klänge, Berührungen aktiv aufnehmen. Dieser Engel hilft uns auch bei zwischenmenschlichen Problemen.

Weitere Themen ▪ Leichtere Kontaktaufnahme zum Höheren Selbst (Sonnenengel) – den Standpunkt wechseln können – Eifersucht – Verstrickung in die Dramen des Lebens – falsche Auffassung von Treue und Verpflichtung.

Körperliche Zuordnung ▪ Herz – Brust – Haut

Seelische Hintergrundthemen

Herzprobleme: Beklemmungsgefühle; Schrei nach Zuwendung; in seiner (seelischen) Mitte erkranken; im Zentrum der Gefühle verletzt sein.
Enge im Brustbereich: zu wenig Raum haben; die eigene Persönlichkeit wird eingeengt; Unterdrückung der Gefühle.
Weibliche Brust: Vernachlässigung/Verletzung der eigenen weiblichen Gefühlswelt; tiefer, unverarbeiteter Kummer; Angst, sich selbst zu lieben und zu leben; Mütterlichkeit.
Hautprobleme: lang Verdrängtes steigt aus dem Unbewußten auf; Berührungsprobleme; sich nach außen abgrenzen; »Faß mich nicht an!«

Meditation

Geh in Gedanken spazieren, und setz dich unter einen Heckenrosenstrauch. Die zartrosa Blüten verströmen einen wunderbaren Duft, der dich gänzlich einhüllt. Schließe deine Augen, und fühle: Auch du bist auf dieser Welt einmalig und einzigartig. Auch dein Wesen erfreut andere ringsum. Alles, was du tust, ist wichtig, wenn du es nur tust. Laß diese Weisheit in dein Herz sinken, und erkenne, welch kostbares Geschenk du bist. Spüre die Liebe in dir. Spür, wie sie duftet, und hülle auch du deine Umgebung mit deinem Segen ein.

3

Engel für Ruhe und Leichtigkeit

»Ich strebe nach Ruhe und Leichtigkeit – ich bin Harmonie!«

Grundthema ▪ Mit Hilfe dieses Engel(symbol)s können wir es schaffen, uns und unseren Lebensplan besser kennenzulernen und anzunehmen. Wir sagen »ja« zu uns selbst, bewahren Ruhe und Leichtigkeit und gehen mutig weiter, auch wenn sich Schwierigkeiten und Umwege vor uns auftun. Das Pflänzchen in uns wird zum Baum, der – fest verwurzelt – allen Stürmen des Lebens standhält. Wir öffnen unser Herz und spüren eine Weite und einen Raum, die wir nie zuvor gekannt haben. Wir gönnen uns Ruhepausen.

Weitere Themen ▪ Liebe rund um uns annehmen – sich tragen lassen von der eigenen Harmonie – Kraft schöpfen – übertriebene Selbstkritik – sich Probleme aufladen (lassen) – Perfektionismus – Begrenzungen – Harmonie um jeden Preis.

Körperliche Zuordnung ▪ Schulter – Herz – Lunge – Allergien

Schulterbereich: bedrückende Lasten werden fühlbar; Unerträgliches mit sich schleppen; sich vieles aufladen, das einen eigentlich gar nichts angeht.
Herzprobleme: Beklemmungsgefühle; Schrei nach Zuwendung; in seiner (seelischen) Mitte erkranken; im Zentrum der Gefühle verletzt sein.
Lunge: Kontakt nach außen; Symbol der Kommunikation; frei atmen; sich austauschen können; offen sein.
Allergien: starke, unbewußte, nicht erkannte Aggressivität; unterdrückte Vitalität, besonders im Frühling; Überreaktion auf der Körperebene; Kontaktallergien: »Damit will ich nichts mehr zu tun haben!« (z. B. Friseur – Haarfarbe ...).

Seelische Hintergrundthemen

Meditation

Der Winter ist vorbei, und du sehnst dich nach frischem Grün.
Gönn dir eine Reise in die Toskana. Dort blüht bereits alles,
und die Frühjahrssonne scheint warm auf die Landschaft.
Auf den sanftgrünen Hügeln ziehen sich Zypressenreihen dahin.
Von einer Anhöhe aus überblickst du die Landschaft.
So viel Schönheit, Friede, Freude auf einen Blick! Ein Gefühl
des Friedens und der Ruhe breitet sich in dir aus.
Schwalben kreisen über dir, und auch in dir wird es immer
leichter. Laß dich ins Gras fallen, riech den Duft von Gras
und Erde, und wisse: Auch du gehörst dazu!

4

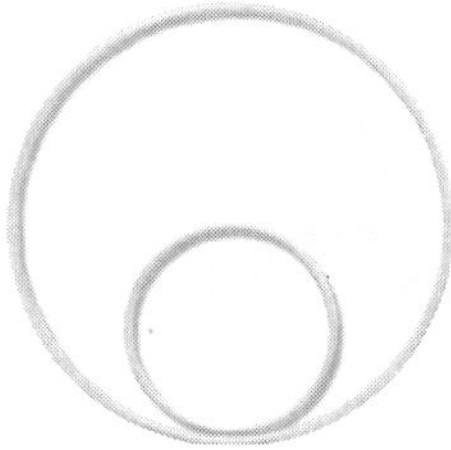

Engel für Reinheit und Klarheit

»Ich lasse alte blockierende Muster und Illusionen los.«

Grundthema Mit Hilfe dieses Engel(symbol)s können wir daran arbeiten, Altes und Verbrauchtes abzustreifen, Vergangenem zu verzeihen, sich karmisch reinzuwaschen. Außerdem bringt es Licht und Hoffnung in unser Leben. Wir lassen los, was nicht mehr zu uns gehört, und entpuppen uns wie ein Schmetterling. Es gelingt uns, anderen und uns selbst zu vergeben und zu verzeihen. Rollen, die uns aufoktroyiert wurden, erkennen wir als solche und geben sie auf. Wir spüren uns gereinigt von altem Ballast und erstrahlen in neuer Stärke.

Weitere Themen Unterscheidungsfähigkeit – Illusionen erkennen und loslassen – unangenehme, schwierige Zeitgenossen als Spiegel der eigenen Fehler erkennen – die eigenen Spielchen durchschauen – sich selbst vergeben.

Körperliche Zuordnung Stirnhöhlen – Ohren – Augen – Reinigung und Entgiftung

Stirnhöhlen: »verschnupft sein«; »von jemandem/etwas die Nase voll haben«; »ein Brett vorm Kopf haben«; zu sehr im Intellekt leben; seine Intuition verkümmern lassen.
Ohren: auf die innere Stimme zu wenig horchen; durch emotionale oder akustische Überbelastung die Ohren verschließen; unbewältigter Streß; »Ich kann es nicht mehr hören«; Horchen – Gehorchen; »Wer nicht hören will, muß fühlen«.
Augen: Spiegel der Seele; nicht hinschauen wollen; die Augen vor etwas verschließen (verdrängen); Zukunftsangst.
Entgiften und Entschlacken: Altes, Verbrauchtes, Ballast abwerfen; sich innerlich reinwaschen; Klarheit und Neubeginn; sich selbst eine neue Chance geben.

Seelische Hintergrundthemen

Meditation

Du liegst am Strand und läßt deinen Körper vom Wasser umspülen. Kleine Wellen fließen ganz zart über deine Beine und ziehen sich wieder ins Meer zurück. Du könntest stundenlang so liegen, nur genießen. Bei jeder Welle spürst du, wie ein Teil in dir reingewaschen wird. Alles, was du nicht mehr brauchst, wird ins offene Meer getragen. Dort lösen sich diese Energien auf. Nun fühlst du dich wieder rein. Klarheit kann in dir aufsteigen. Dankbar öffnest du deine Augen und blickst ins Licht. Du stehst auf und gehst weiter.

4

5

Engel für Kraft und Stärke

»Ich erwecke meine Kraft und Stärke in Liebe.«

Grundthema

Mit Hilfe dieses Engel(symbol)s können wir es schaffen, anderen zu helfen, ohne dabei selbst auf der Strecke zu bleiben. Menschen, die in helfenden, heilenden Berufen tätig sind, oder auch Menschen, die Angehörige pflegen, sind oft am Ende ihrer Kräfte. Dieser Engel versorgt uns in solchen Situationen mit der nötigen (Herzens-)Energie. Er hilft uns, unsere Mission, unseren Auftrag, unser Vorhaben mit der nötigen Kraft, Liebe und Ausdauer zu erfüllen. Er hilft uns, zwischen Mit-Gefühl und Mit-Leid zu unterscheiden. Er schirmt uns von Menschen ab, die uns unsere Energie rauben.

Weitere Themen

Trennung von eingefahrenen, dogmatischen Verhaltensmustern – Zuwachs an Vitalität, Spontaneität und Lebensfreude – Freude am eigenen Körper – Leben statt Funktionieren!

Körperliche Zuordnung

Blutgefäße/Blutkreislauf – Sexualität – Energiemangel

Blutgefäße, Blutkreislauf: energetisch im Fluß sein; sich und andere versorgen; Lebenskraft; Kommunikation.
Sexualität: seinen Körper nicht so akzeptieren, wie er ist; sich nicht fallenlassen können; den anderen auf Distanz halten; sich und dem anderen etwas vorspielen.
Energiemangel, Müdigkeit: am eigentlichen Leben vorbeileben; Verausgabung in falschen Lebensbereichen; sich von anderen energetisch ausbeuten lassen.

Seelische Hintergrundthemen

Meditation

Du machst einen Spaziergang durch einen alten Eichenwald. Vor einem wunderschönen alten Baum bleibst du stehen. Seine Würde, sein Alter, seine Standfestigkeit haben dich auf ihn aufmerksam gemacht. Sieh nur, wie er seine Arme in den Himmel streckt. Und sieh, in seinem knorrigen Stamm ist ein riesiges Herz eingeritzt. Lehn dich dagegen, es wird nicht weichen! Vertrau dich diesem Wesen an, und umarm es wie einen Freund! Fühle die Kraft, die dieses Wunderwerk der Natur in sich trägt! Spüre, daß auch du so stark verwurzelt bist wie der Baum, und fühle die Energie deines Herzens, die Schwingung kraftvoller Liebe. Kehre immer wieder zur Eiche in dir zurück, und sei dir deiner Kraft und Stärke bewußt.

6

Engel für Veränderung und Verwandlung

»Alles im Leben ist Veränderung.«

Grundthema ▪ Mit Hilfe dieses Engel(symbol)s können wir einen körperlichen oder seelischen Heilungsprozeß einleiten und unterstützen. Wir lassen Schmerzen, Trauer oder traumatische Erlebnisse los. Gleichzeitig reinigt und transformiert uns sein heilendes Licht. Wir schaffen es, vom Intellekt ins Gefühl zu kommen und Dinge anzunehmen, die jenseits aller wissenschaftlichen Erklärungen liegen. Es gelingt uns immer leichter, unser materielles Leben mit einem spirituellen zu verknüpfen und uns zwischen Himmel *und* Erde zu Hause zu fühlen.

Weitere Themen ▪ Das Leben »im Griff haben« wollen – Trauerarbeit – Sinnlosigkeit – Angst vor Spiritualität – inneres Eingesperrtsein – Stagnation – Eigenblockaden – Selbstfindung – Akzeptanz schwieriger Situationen – Transformation auf allen Ebenen.

Körperliche Zuordnung ▪ Hypophyse – Nacken – Sucht und Suchtverhalten

Hypophyse/Hirnanhangdrüse/»3. Auge«: Einsicht; nach der inneren Uhr, nach dem inneren Rhythmus leben.
Nackenprobleme: sich »hartnäckig« weigern, ein Problem von einer anderen Seite zu betrachten; jemand sitzt mir im Nacken.
Sucht und Suchtverhalten: auf einer Ersatzebene steckenbleiben (Essen, Rauchen, Sex); Flucht vor der Welt (Drogen); das Risiko herausfordern wollen (Spiel).

Seelische Hintergrundthemen

Meditation

Setz oder leg dich hin, und entspann dich. Schließe deine Augen, und atme ruhig und tief. Bald wird die Veränderung geschehen. Da – vor deinem inneren Auge erscheint ein violettes Licht. Stell dir vor, wie es von oben auf dich strahlt. Es ist ein weiches, warmes Licht. Es hüllt dich sanft ein und löst alles Beengende, Starre, Schmerzende, das du gerade noch gefühlt hast, auf. Das violette Licht geht tiefer, ganz tief. Wie eine violette Woge geht es durch deinen Körper, reinigt dich, stärkt dich. Deine Traurigkeit, dein Schmerz lassen fühlbar nach. Veränderung geschieht. Du dankst deinem Engel und öffnest deine Augen.

7

Engel für Optimismus und Schönheit

»Ich erkenne die positiven Seiten in meinem Leben.«

Grundthema Mit Hilfe dieses Engel(symbol)s können wir es schaffen, Optimismus und Leichtigkeit in unser Leben zu lassen. Was grau und trist war, wird nun bunt und freundlich. Wir sehen das Glas wieder halbvoll statt halbleer. Wir glauben wieder an uns, an unsere Träume und Visionen, sehen das Schöne in unserem Leben und fühlen wieder die schöpferische Kraft in uns wachsen. Wir leben in Harmonie und Wohlbefinden mit uns und unseren Mitmenschen.

Weitere Themen Hilfe bei negativen Zukunftsperspektiven – Pessimismus – Freudlosigkeit – »Träume sind Schäume« – eins mit der Schöpfung werden – »Sorge dich nicht, lebe!«

Körperliche Zuordnung Hirnanhangdrüse – Zirbeldrüse – Winterdepression

Hypophyse/Hirnanhangdrüse: Einsicht; nach der inneren Uhr, nach dem inneren Rhythmus leben.
Zirbeldrüse (Epiphyse): Sitz der Seele; meditieren.
Winterdepression: unterdrückte Aggression, meist gegen sich selbst gerichtet; zuwenig Licht, innen wie außen; sich getrennt fühlen von der Schöpfung.

Seelische Hintergrundthemen

Meditation

Stell dir vor, du bist eine Seerose. Deine Wurzeln haben sich bereits fest im Seegrund angeklammert, und du beschließt zu wachsen. Es ist dunkel, so weit unter der Wasseroberfläche, doch du läßt dich nicht beirren. Du weißt, wohin du willst, und das wenige Licht, das zu dir dringt, genügt, bestimmt deinen Weg. Noch ist es schlammig, vielleicht sogar schmutzig. Aber du läßt dich nicht beirren. Denn du weißt, du wächst zum Licht. Es ist ein weiter Weg, doch du gibst nicht auf. Da! Du hast es geschafft – deine Blätter erreichen die Oberfläche. In sich tragen sie eine Knospe. Fühle tief, wie das wärmende Licht der Sonne deine Knospe wachsen läßt, wie es dich öffnet und du in deiner ganzen Schönheit erstrahlst. Danke deinem Schöpfer, daß er dich so wunderbar geschaffen hat.

7

8

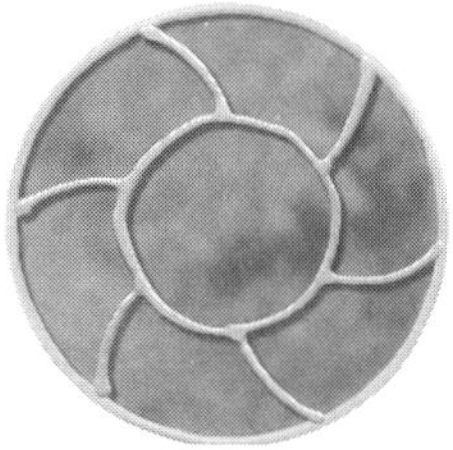

Engel für Richtung und Ziel

»Ich kenne meine Ziele und erreiche sie auch.«

Grundthema ▮ Mit Hilfe dieses Engel(symbol)s können wir unsere Ziele definieren und erreichen – ohne dabei Irrwege beschreiten zu müssen. Es gelingt uns immer besser, Verstand und Gefühle in Einklang zu bringen und die Welt und das Leben aus einer ganz neuen Perspektive zu betrachten. Es hilft uns auch, mit unserer Zeit besser umzugehen und diese auch sinnvoller zu nutzen. Außerdem beschützt es uns auf Reisen, auch auf unseren Traumreisen in der Nacht.

Weitere Themen ▮ Im Einklang mit Mutter Natur leben – bewußt im Hier und Jetzt leben – sich weder in der Vergangenheit noch in der Zukunft verlieren – Orientierungslosigkeit – aus Angst an Vertrautem festhalten.

Körperliche Zuordnung ▮ Füße – Knöchel – Energiemangel

Füße: stehen für Standfestigkeit, Verwurzelung; im Leben Fuß fassen; selbständig die eigenen Standpunkte vertreten; jemandem zu Füßen liegen.
Knöchel: unbeugsam sein; starr sein; anderen die Schuld geben; Vergnügungen des Lebens nicht annehmen können.
Energiemangel, Müdigkeit: am eigentlichen Leben vorbeileben; Verausgabung in falschen Lebensbereichen; sich von anderen energetisch ausbeuten lassen.

Seelische Hintergrundthemen

Meditation

Stell dir vor, du bist ein Fisch. Aber nicht irgendeiner.
Du bist ein ganz besonderer Fisch! Andere lassen sich treiben im
Strom des Flusses. Oder stehen in dunklen Tümpeln,
wo sie ein Leben lang ausharren. Doch du bist anders.
Du gehörst zu den Lachsen, zu den Fischen,
die ein Ziel vor Augen haben. Und um dein Ziel zu erreichen,
schwimmst du gegen den Strom. Du folgst deinem inneren Ruf,
auch wenn Tausende Kilometer vor dir liegen.
Auch wenn es alle Kraft kostet. Nichts kann dich aufhalten,
weder Stromschnellen noch wilde Tiere oder Naturgewalten.
Du folgst deinem inneren Ruf, auch wenn andere sagen,
es sei unmöglich, aussichtslos. Du hast keine Angst.
Denn du kennst deine Richtung, und du kennst dein Ziel.

9

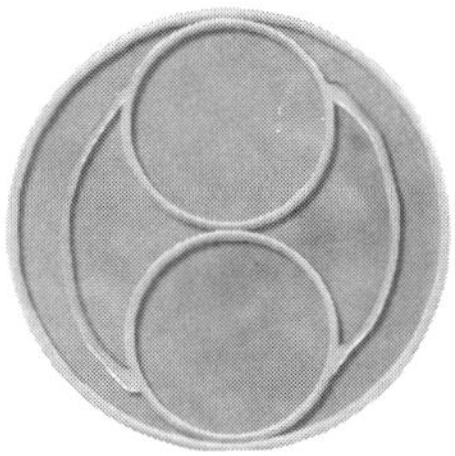

Engel für Selbstwert und Selbstvertrauen

»Ich erlaube mir, selbstbewußt und selbstsicher zu sein.«

Grundthema ▪ Mit Hilfe dieses Engel(symbol)s können wir es schaffen, Personen, Situationen und vor allem uns selbst so anzunehmen, wie wir sind. Wir lernen, daß Schuldzuweisungen sinnlos sind, und erkennen, was uns die jeweils unangenehme Erfahrung lehren will. Es ist wichtig, liebevoll und urteilsfrei zu uns selbst und zu unserem persönlichen Umfeld zu sein. Noch wichtiger ist es, die jeweilige schmerzliche Situation zu durchschauen, ohne dabei zu werten. Wenn eine Handlung nicht richtig war, dann korrigieren wir, was zu korrigieren ist, lernen daraus, schauen nach vorne und gehen weiter.

Weitere Themen ▪ Selbstzweifel, -vorwürfe und -bestrafung – Liebe nicht annehmen können – Aggressionen gegen sich selbst lenken – sein Licht unter den Scheffel stellen – Angst vor Kritik – Selbstkritik – aus Fehlern nichts lernen.

Körperliche Zuordnung ▪ Bauchspeicheldrüse (Diabetes) – Magen – Zwerchfell

seelische Hintergrundthemen

Bauchspeicheldrüse/Diabetes: die Süße des Lebens (der Liebe) nicht annehmen; nicht eingestandener Wunsch nach Liebe; Lernschritt: Liebe geben und annehmen.
Magen: aufnahmebereit sein für Gefühle und Eindrücke; Ärger runterschlucken; Probleme in der Familie; sich als armer Schlucker fühlen.
Zwerchfell: keine Grenzen ziehen können; sich Rückschritte erlauben; Probleme mit der Polarität.

Meditation

Stell dir vor, du trittst vor deinen Schöpfer,
mit all deinen Zweifeln, all deiner Selbstkritik,
mit all deiner Unzufriedenheit. Stell dir vor,
du trittst vor ihn und sagst: »Ich spiele eine Melodie,
manchmal ganz gut, manchmal ziemlich falsch,
manchmal sehr schwach und leise. Aber ich spiele sie,
weil du sie mir gegeben hast. Aber heute
klingt sie ganz fürchterlich. Bist du wirklich
der Meinung, ich sollte sie weiterspielen?«
Und dann stell dir vor, dein Schöpfer antwortet dir:
»Aber sie gefällt mir doch sehr gut!«

10

Engel für Reife und Weisheit

»Ich komme mehr und mehr an meine innere Weisheit heran.«

Grundthema

Mit Hilfe dieses Engel(symbol)s können wir daran arbeiten, schmerzhafte Erfahrungen aufzulösen und zu vergessen. Wir bekommen liebevolle Unterstützung auf unserem Weg und erfahren, daß jedes schmerzliche Erlebnis ein Reifeprozeß für unsere Seele ist. Jedes noch so unangenehme Ereignis bringt uns ein Stück weiter, sofern wir die Botschaft hinter unserem Problem erkennen und anschauen wollen. Es enthält die Antwort darauf, was wir aus der jeweiligen Situation lernen bzw. in unser Leben integrieren sollen.

Weitere Themen

Seelische Schocks und Traumata – Alpträume – Verdrängtes – inneres Kind – nicht im Fluß des Lebens sein – auf unsere innere Stimme hören lernen – Mißbrauch.

Körperliche Zuordnung

Kopf – Lymphe – Blut – Allergien – Hormonprobleme

Seelische Hintergrundthemen

Kopfschmerzen: Kopflastigkeit; Überbetonung des Intellekts; Perfektionismus; sich etwas in den Kopf setzen; mit dem Kopf durch die Wand wollen; sich etwas vormachen; das berühmte »Brett vorm Kopf« haben.

Seelische Hintergrundthemen

Lymphe: aufbegehren; sich verteidigen lernen; sich Konflikte und Auseinandersetzungen bewußt machen; Dinge in Angriff nehmen.
Körperflüssigkeiten: im Fluß des Lebens sein; sich mittragen lassen; angestaute Energien; Ängste abfließen lassen (z. B. Blase).
Allergien: starke, unbewußte, nicht erkannte Aggressivität; unterdrückte Vitalität, besonders im Frühling; Überreaktion auf der Körperebene; Kontaktallergien: »Damit will ich nichts mehr zu tun haben!« (z. B. Friseur – Haarfarbe ...).
Hormonprobleme, weibliche: die eigene Weiblichkeit/den eigenen Körper nicht annehmen; Lernschritt Selbstliebe und erfüllte Sexualität; schmerzhaftes Erleben des Frauseins.

Meditation

Stell dir vor, du bist alt. Ein ganzes Leben liegt hinter dir, und es hat Spuren in deinem Gesicht hinterlassen. Runzeln und Falten durchziehen dein Gesicht, doch sie machen es interessant. Müde, aber zufrieden sitzt du am Kamin und hörst dem Knistern des Feuers zu. Deine Augen sind geschlossen, Bilder tauchen vor dir auf. Szenen aus deinem Leben. Wieviel hast du geliebt und gelitten, gezittert und gelacht. Damals hast du nicht alles verstanden, aber heute, im Rückblick, weißt du, wofür es gut war. Alles ergibt einen Sinn, und du hast fast alle Teile deines Lebens-Puzzles beisammen. Du lehnst dich zurück, dankbar für all die Erfahrungen, die du machen durftest. Und du fügst, still lächelnd, den letzten Teil hinzu: Du bist glücklich.

11

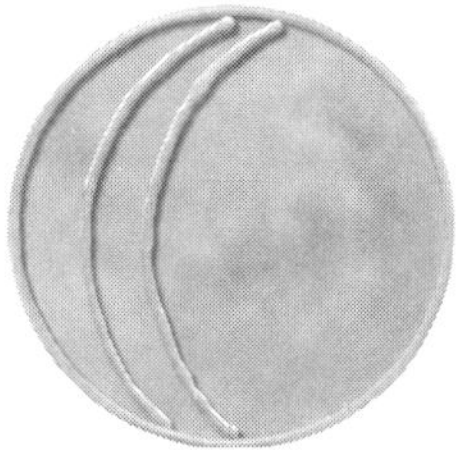

Engel für Geborgenheit und Sicherheit

»Ich vertraue darauf, daß mir das Leben alles zur Verfügung stellt, was ich brauche.«

Grundthema ■ Mit Hilfe dieses Engel(symbol)s können wir es schaffen, unsere inneren Ängste und Existenzängste aufzudecken und loszulassen. Wenn wir das Gefühl in uns tragen, irgendwann einmal ungewollt oder unerwünscht gewesen zu sein, dann können wir diese Emotionen nun endlich auflösen. Auch das Gefühl von unerwiderter Liebe und Mißbrauch belastet uns nicht länger. Wir haben keine Angst mehr, fallengelassen zu werden. Oder uns fallenzulassen. Wir spüren, daß wir in Geborgenheit und Sicherheit eingebettet sind.

Weitere Themen ■ Sich unbeschützt/abgelehnt fühlen – Nahtoderfahrungen – Nervosität – Materielle Ängste und Sorgen – hinter die Kulissen schauen – Nehmen und Geben – im Hier und Jetzt leben – Opferrolle aufgeben.

Körperliche Zuordnung ■ Hormonprobleme – Oberschenkel – Knochen

Seelische Hintergrundthemen

Hormonprobleme, weibliche: die eigene Weiblichkeit/den eigenen Körper nicht annehmen; Lernschritt Selbstliebe und erfüllte Sexualität; schmerzhaftes Erleben des Frauseins.
Oberschenkel: Fortschritt verhindern; nicht weiterkommen; keine Kraft für Veränderungen aufbringen wollen; Hochmut.
Knochen: stehen für Stand und Struktur, innere Festigkeit; Normerfüllung; Prinzipienreiterei bis hin zu Härte und Sturheit.

Meditation

Du möchtest dich so gerne anlehnen, ein bißchen ausruhen.
Doch der Sessel hat keine Lehne ... Versuch es trotzdem –
lehn dich ein bißchen zurück, in die Arme deines Schutzengels.
Spürst du die Wärme am Rücken? Er ist da.
Sanft hält er dich mit seinen Flügeln umschlossen,
dein Leben lang. Er möchte nichts anderes,
als dir Geborgenheit und Liebe schenken. Lehn dich zurück
in die Arme deines Schutzengels, und vertraue:
Er hilft dir, den tieferen Sinn in den Herausforderungen
und Schwierigkeiten deines Daseins zu sehen.
Lehn dich zurück, und fühl dich geborgen.
Du bist nicht allein!

12

Engel für Kreativität und Selbstausdruck

»Ich erschaffe meine eigene Welt – und kann sie auch vermitteln.«

Grundthema ▪ Mit Hilfe dieses Engel(symbol)s kann es uns möglich werden, über uns, unsere Probleme, aber auch über unsere Gedanken und Erfahrungen zu sprechen. Wir wissen, daß wir es wert sind, vor anderen unsere Meinung und unseren Standpunkt zu vertreten. Wir sind es wert, daß uns andere zuhören. Wir trauen uns zu, gewagt zu kommunizieren. Gefühle kann man auch sehr gut durch Malen, Schreiben, Singen, Tanzen u. a. ausdrücken. Selbst wenn unsere Werke von den allgemeinen gesellschaftlichen Normen abweichen sollten – sie sind Teil unseres Selbstausdrucks und Selbstverständnisses.

Weitere Themen ▪ Angst, über Gefühle zu sprechen – Lampenfieber – Gedanken für sich behalten wollen – Angst vor Kritik – die eigene Phantasie in Frage stellen – Mitläufer sein – inneres Kind.

Körperliche Zuordnung ▪ Arme – Schulterbereich – Kehlkopf – Stimmbänder

Arme: Symbol für Kraft; Macht; Kontakt zur Außenwelt; jemanden umarmen; sich etwas vom Leib halten.
Schulterbereich: bedrückende Lasten werden fühlbar; Unerträgliches mit sich schleppen; sich vieles aufladen, das einen eigentlich gar nichts angeht.
Kehlkopf: Probleme im Ausdruck: Wünsche unterdrücken, etwas runterschlucken; keine Stimme (keine Mitbestimmung) haben; jemandem etwas husten.
Stimmbänder: Zeichen für emotionalen Selbstausdruck; in Kontakt treten; sich »outen«; verbaler Austausch.

Seelische Hintergrundthemen

Meditation

Du sitzt am Meer und siehst zu, wie die Sonne sich im Wasser bricht. Goldene Strahlen funkeln auf den Wellen, treiben ihr Spiel mit türkisen Wellen. Alles schimmert, blitzt, ist jeden Augenblick neu. Nun schließe die Augen, und nimm dieses türkise Licht in dich auf. Laß zu, daß es dich bewegt. Vertraue dich den kleinen, weichen Wellen an. Es sind deine kreativen Gefühle. Nimm wahr, daß auch in dir eine kreative Pracht darauf wartet, entdeckt zu werden. Von dir. Und nun steh auf, und male endlich wieder einmal ein Bild!

13

Engel für Entscheidung und Neuorientierung

»Ich treffe selbst meine Entscheidungen, damit nicht über mich entschieden wird.«

Grundthema Mit Hilfe dieses Engel(symbol)s können wir nach innen hören und fühlen, was für uns das beste ist. Nicht unbedacht drauflosrennen, sondern eine Pause einlegen und in sich hineinfühlen, wohin uns unser Weg führt. Das Leben besteht aus Zyklen des Beendens und des Neubeginns. Wenn wir spüren, daß etwas abgeschlossen oder beendet gehört, dann sollten wir es nicht verdrängen oder eine Vogel-Strauß-Politik betreiben. Alles, was nicht mehr zu uns gehört, wird uns genommen, wenn wir es nicht freiwillig loslassen. Entweder mit unserem Einverständnis und sanft oder hart, wenn wir sehr daran festhalten und klammern.

Weitere Themen Angst vor dem Tod – Torschlußpanik – Planlosigkeit – Entscheidungsängste – eine unerwartete Veränderung der Lebenssituation – Ende eines Lebensabschnitts.

Körperliche Zuordnung Verdauungssystem – Niere – Kiefer – Allergien

Verdauungsstörung: Eindrücke nicht verarbeiten oder aufnehmen können und wenn doch, liegen sie schwer im Magen.
Nieren: stehen für Partnerschaft; inneres Gleichgewicht und Harmonie finden; »etwas geht mir an die Nieren«; loslassen lernen.
Kiefergelenk: dem Leben ablehnend gegenüberstehen; Angst vor dem Erwachsenwerden; die eigene Männlichkeit/Weiblichkeit verleugnen.
Allergien: starke, unbewußte, nicht erkannte Aggressivität; unterdrückte Vitalität, besonders im Frühling; Überreaktion auf der Körperebene; Kontaktallergien: »Damit will ich nichts mehr zu tun haben!« (z. B. Friseur – Haarfarbe ...).

Seelische Hintergrundthemen

Meditation

Stell dir vor, du wärst der Affe, der nichts hört, nichts sieht und nichts sagt, weil er sich seine Hände vor Ohren, Augen und Mund hält, der sich vor seinen Problemen völlig verschließt. Wie fühlst du dich dabei? Das Leben geht weiter, es läuft an dir vorbei. Du nimmst nicht daran teil, weil du unfähig bist, längst fällig gewordene Entscheidungen zu treffen. Du fühlst dich ausgeliefert. Jetzt entscheidest du, deine Hände von den Augen wegzunehmen. Das, was du siehst, gefällt dir nicht. Du nimmst deine Hände von den Ohren – auch das gefällt dir nicht besonders. Endlich machst du deinen Mund auf, beziehst Stellung, sprichst eine Entscheidung. Du hast es geschafft.

14

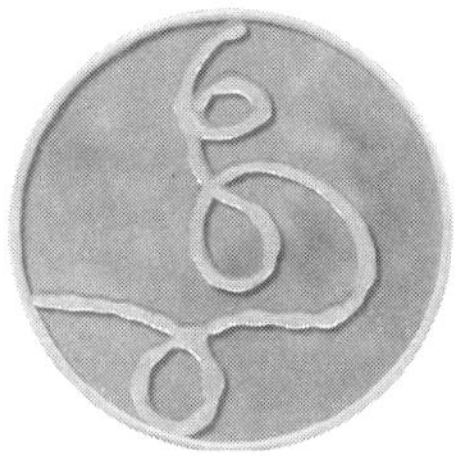

Engel für Liebe und Bedingungslosigkeit

»Weil ich dich wirklich liebe,
lasse ich dir deine Freiheit.«

Grundthema ▮ Mit Hilfe dieses Engel(symbol)s können wir es schaffen, uns in eine Beziehung zu begeben, ohne unsere Sicherheitsnetze auszuspannen. Bedingungslose Liebe ist kein Ping-Pong-Spiel nach dem Motto »Liebst du mich, so liebe ich dich«, sondern eine Liebe ohne Bedingungen und Erwartungen. Erst die Freiheit in einer Liebesbeziehung ermöglicht es, gemeinsam in einer Partnerschaft zu wachsen. Wenn wir den Partner durch Gedanken oder Worte einsperren, stutzen wir ihm die Flügel seiner Seele.

Weitere Themen ▮ Angst vorm Verlassenwerden – Sexualität mit Liebe verwechseln – Zweckgemeinschaften künstlich am Leben erhalten – Beziehungsmuster der Eltern unbewußt in die Partnerschaft tragen – Liebeskummer.

Körperliche Zuordnung ▮ Blase – Kreislauf – Blutgefäße/Blutdruck – Herz

Blase: sich Erleichterung verschaffen; etwas oder jemanden loslassen; Druck aushalten; mit Spannungen umgehen.
Blutgefäße, Kreislauf: energetisch im Fluß sein; sich und andere versorgen; Lebenskraft; Kommunikation.
Bluthochdruck: unter Dauerdruck stehen; permanente Verteidigungsbereitschaft; unbewältigte Autoritätskonflikte; unterdrückte Aggression; blockierte Aktivität.
Herzprobleme: Beklemmungsgefühle; Schrei nach Zuwendung; in seiner (seelischen) Mitte erkranken; im Zentrum der Gefühle verletzt sein.

Seelische Hintergrundthemen

Meditation

Du steht an einem Gebirgssee und genießt die unberührte Natur. Laß deinen Blick schweifen, und sieh nach oben. Hoch oben in den Lüften kreisen zwei Adler. Den Aufwind nützend, kreisen sie immer höher und höher. Noch zwei Pünktchen am Himmel, dann sind sie aus deinem Blickfeld verschwunden. Erheb nun auch du deinen Geist, und genieße das Gefühl von Freiheit. Lade den Wind dazu ein, und gib dich ihm hin. Nimm wahr, wie er dich leitet, begleitet und dir doch die Freiheit läßt. Gestehe das gleiche deinem Partner zu. Fliege in deiner Beziehung wie ein Adler mit dem Wind, und nicht dagegen. Ohne Forderungen, dafür grenzenlos, bedingungslos.

15

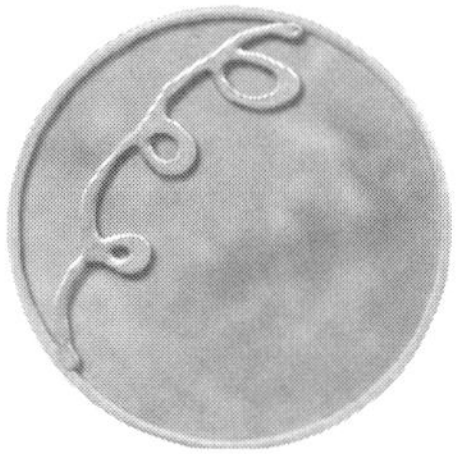

Engel für Schein und Wirklichkeit

»Ich lasse meine Illusionen fallen und blicke der Realität ins Auge.«

Grundthema ■ Mit Hilfe dieses Engel(symbol)s können wir es schaffen, hinter die Masken und Fassaden unserer Mitmenschen zu blicken. Ebenso gelingt es uns, auf unsere eigenen Masken zu verzichten. Wir lassen uns vom Blendwerk mancher Scheinwelten nicht mehr beeindrucken und laufen Dingen nicht mehr nach, die nur im Äußeren ihre Berechtigung haben.

Weitere Themen ■ Fernsehsucht (bei Kindern und einsamen Menschen) – hinter einer selbsterrichteten Fassade leben – ständig das Konto überziehen – was gehen mich die andern an – an einer beendeten Beziehung krampfhaft festhalten.

Körperliche Zuordnung ■ Bluthochdruck – Atmung – Erkältung – Konzentrationsprobleme

Seelische Hintergrundthemen ■ **Bluthochdruck:** unter Dauerdruck stehen; permanente Verteidigungsbereitschaft; unbewältigte Autoritätskonflikte; unterdrückte Aggression; blockierte Aktivität.

Atmung: wenig Kontakt nach außen haben; sich beengt fühlen; keine Freiheit haben; sich zu sehr abkapseln.
Erkältung: die Nase voll haben; jemanden nicht riechen können; nichts mehr hinunterschlucken wollen; jemandem etwas husten; Abwehrhaltung; Kommunikationsprobleme; etwas läßt einen kalt.
Konzentrationsprobleme: bei sich bleiben; nicht abschweifen oder in Äußerlichkeiten flüchten; etwas auf den Punkt bringen.

Seelische Hintergrundthemen

Meditation

Stell dir vor, du bist auf einer Party. Viele Menschen sind um dich herum. Sie benehmen sich lässig, selbstbewußt, »cool« würde man vielleicht sagen ... Sie sprechen von ihren tollen Villen, von Jachten und Luxusurlauben. Sie sehen aus wie Models und lächeln ohne Unterbrechung. Glanz und Glitter blenden dich ... Dann schlägt es zwölf Uhr. Die Stunde der Wahrheit ist gekommen. Du gehst von einem zum anderen und siehst genau hin. Masken zieren ihre Gesichter, die teuren Uhren sind Imitationen, die Brillanten nicht mal Halbedelsteine, ihr Dekolleté ist ausgestopft. Schlagartig wird dir bewußt: Du hast dich täuschen lassen. Statt einer Scheinwelt blickst du jetzt der Realität ins Auge!

16

Engel für schöpferische Weisheit

»Ich tauche tief in mich ein
und bringe meine schöpferische
Weisheit hervor.«

Grundthema ▪ Mit Hilfe dieses Engel(symbol)s können wir lernen, auf kreative, schöpferische und spielerische Art und Weise uns selbst und unser Wissen auszudrücken. Wir zeichnen, malen, singen, tanzen und heilen damit unsere Seele. Ganz intuitiv gehen wir dabei vor, unserer inneren Stimme folgend. Gedanken wie »was denken die anderen über mich« stören und blockieren unseren Selbstausdruck und unsere Heilung. Wir lernen wieder, auf unsere Gefühle zu hören, und drücken sie auf lebendige Art und Weise aus.

Weitere Themen ▪ Intuitiv mit Steinen, Aromaölen, Farben etc. arbeiten – mit Kindern spielen – unser eigenes inneres Kind finden – verborgene Fähigkeiten finden – an uns selbst glauben.

Körperliche Zuordnung ▪ Angst – Darm – Verdauungssystem – Kopfschmerzen

Seelische Hintergrundthemen

Angst: nicht (mehr) vertrauen können; Geburtstrauma und unverarbeitete Schocks; sich nicht fallenlassen können; Fluchtgefühle.

Darm: Eindrücke verdauen; in die innerste Welt etwas aufnehmen; Loslassen von Altem und von der Materie; geben und schenken; Geiz; Kritikfähigkeit.

Verdauungssystem: Eindrücke nicht verarbeiten oder aufnehmen können und wenn doch, liegen sie schwer im Magen.

Kopfschmerzen: Kopflastigkeit; Überbetonung des Intellekts; Perfektionismus; sich etwas in den Kopf setzen; mit dem Kopf durch die Wand wollen; sich etwas vormachen; das berühmte »Brett vorm Kopf« haben.

Meditation

Lege deine Lieblingsmusik auf. Dann suche Buntstifte, Wachskreiden, Wasserfarben und einen riesigen Bogen weißes Packpapier, und breite alles vor dir auf dem Boden aus. Knie dich davor hin, und schließe einen Moment deine Augen. Warte, bis der Impuls kommt. Dann greife in die Farbschachtel, und beginne zu malen, ohne dabei die Augen zu öffnen. Versuche, in dich hineinzufühlen, und schalte den Verstand für ein paar Minuten aus. Gib dich der Musik hin, und male, was du fühlst. Nach einigen Minuten öffne wieder die Augen. Betrachte dein Werk. Was drückt es aus? Erkenne dich selbst darin wieder.

16

17

Engel für Wohlstand und Fülle

»Ich lasse es zu, daß mich das Leben reich beschenkt.«

Grundthema ▪ Mit Hilfe dieses Engel(symbol)s können wir es schaffen, an Wohlstand zu glauben und ihn zuerst mit den Gedanken in unser Leben hereinzulassen. Das Universum hält für alle Menschen genug bereit. Nur lassen wir es durch unsere einschränkenden Gedanken nicht zu, daß wir unseren Anteil daran erhalten. Würden wir um Fülle und Wohlstand bitten, würde uns dieses Geld in dem Maße, wie es uns guttut, zufließen.

Weitere Themen ▪ Sich Wohlstand und Fülle gar nicht vorstellen können – Geld stinkt oder macht unglücklich – andere um ihren Wohlstand beneiden – Angst vor Schulden – Angst, finanziell zu versagen.

Körperliche Zuordnung ▪ Allergien – Blase – Hals – Entzündungen – Schlafstörungen

Seelische Hintergrundthemen ▪ **Allergien:** starke, unbewußte, nicht erkannte Aggressivität; unterdrückte Vitalität, besonders im Frühling; Überreaktion auf der Körperebene; Kontaktallergien: »Damit will ich nichts mehr zu tun haben!« (z. B. Friseur – Haarfarbe ...).

Blase: sich Erleichterung verschaffen; etwas oder jemanden loslassen; Druck aushalten; mit Spannungen umgehen.
Hals und Halsprobleme: Lernschritt Kommunikation; etwas nicht schlucken; im Hals steckenbleiben; jemandem an den Kragen gehen; Gier – den Hals nicht voll kriegen.
Entzündung: grobstofflich gewordener Konflikt; Aggression oder Energiestau; Abwehrreaktion, insbesondere bei neuen Herausforderungen.
Schlafstörungen: die Kontrolle nicht aufgeben wollen; kreisende Gedanken; Angst; zuviel Energie.

Seelische Hintergrundthemen

Meditation

Stell dir vor, es ist Frühling. Noch einigermaßen warm eingepackt, machst du einen Spaziergang. Dann setzt du dich unter einen Apfelbaum, der gerade zur Blüte ansetzt. Im Zeitraffer stellst du dir vor, wie eine Knospe nach der anderen aufblüht. Hunderte, Tausende, Hunderttausende von Blüten haben sich geöffnet. Ein Baum neben dem andern scheint vor Blüten überzufließen. Und dann erst die Früchte! Stell dir vor, wieviel Marmeladen, Kuchen, Torten du daraus machen könntest. Läuft dir das Wasser im Mund zusammen? Du darfst daran teilhaben: Die Natur setzt sich keine Grenzen. Sie ist verschwenderisch. Sie ist im Überfluß.

17

18

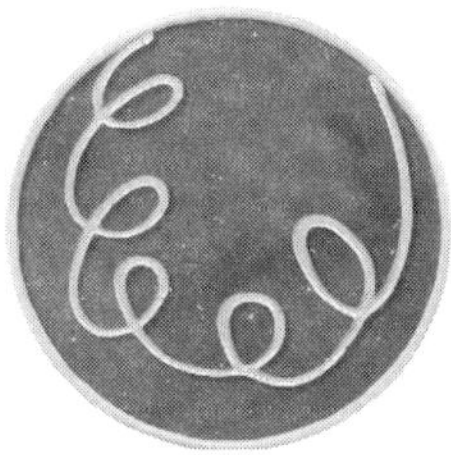

Engel für Verantwortungsbewußtsein

»Ich bin mir meiner
Verantwortung
in Liebe bewußt.«

Grundthema ▪ Mit Hilfe dieses Engel(symbol)s können wir lernen, im Leben Autorität und Stärke aufzubringen, ohne andere dabei zu beherrschen oder gar zu unterdrücken. Es gibt Situationen, in denen es erforderlich ist, sehr stark zu sein. Zum Beispiel wenn es darum geht, Entscheidungen zu treffen, die sich auch auf andere auswirken. Oder wenn es darum geht, anderen einen Weg aufzuzeigen. Wie bei Kindern – oft ist es nötig, sie ein Stück zu begleiten und Autorität zu beweisen, bis sie selbst fähig sind, ihr Leben eigenverantwortlich in die Hand zu nehmen. Dieser Engel hilft uns dabei.

Weitere Themen ▪ Erziehungsprobleme – Kindern Grenzen setzen – Politik – anderen die Verantwortung abnehmen – Kontrollsucht – Kritiksucht – Abhängigkeiten.

Körperliche Zuordnung ▪ Arme – Gelenke – Rücken – Schulterbereich

Arme: Symbol für Kraft; Macht; Kontakt zur Außenwelt; jemanden umarmen; sich etwas vom Leib halten.
Gelenke: Ausdruck der Beweglichkeit; Grenzen haben und erkennen; sich auf etwas versteifen; Starre.
Rückenschmerzen: nicht zu sich selbst stehen; unbewußte Unaufrichtigkeit; sich unter Druck gesetzt fühlen; keinen Rückhalt finden.
Schulterbereich: bedrückende Lasten werden fühlbar; Unerträgliches mit sich schleppen; sich vieles aufladen, das einen eigentlich gar nichts angeht.

Seelische Hintergrundthemen

Meditation

Stell dir vor, du bist ein Lehrer und begleitest deine Schulklasse auf einer Bergwanderung. Deine Schützlinge sind Teenager und sind von dem, was sie wollen, überzeugt. Doch deine und ihre Vorstellungen klaffen des öfteren weit auseinander. Wie auch jetzt: Du stehst mit ihnen vor einer Weggabelung. Sie wollen den kürzeren, doch weitaus gefährlicheren Weg gehen. Dessen schmale, steinige Pfade wären selbst für erfahrene Bergwanderer eine Herausforderung! Du bestehst jedoch darauf, den längeren, aber sicheren Weg zu gehen, der alle wohlbehalten ans Ziel führt. Sanft, aber bestimmt gibst du ihnen die Richtung vor. Du hast sie mit liebevoller Autorität überzeugt.

19

Engel für spirituelles Erwachen

»Je mehr ich mich öffne, desto besser verstehe ich die Geheimnisse und Botschaften des Universums.«

Grundthema Mit Hilfe dieses Engel(symbol)s können wir uns geistig »zwischen Himmel und Erde hin und her bewegen«. Wir kommen in die höchsten Ebenen hinauf und bleiben dennoch fest verwurzelt, ohne abzuheben. Vicky Wall, die Begründerin von Aura Soma, drückte dies sinngemäß einmal so aus: Werdet nicht so himmlisch, daß ihr hier auf der Erde keinen Platz mehr habt. Es ist wichtig, daß wir unser spirituelles Verstehen und Erkennen im Alltag umsetzen, um uns und anderen zu helfen. Wenn wir aber nur mehr abgehoben sind und nichts von unseren Erfahrungen umsetzen, gehen wir am eigentlichen Sinn der Spiritualität vorbei.

Weitere Themen Angst vor Spiritualität – den Kontakt zu stark verwurzelten Menschen suchen – Meditation – mit Engeln sprechen – spirituelle Bücher lesen – auf die eigene Intuition vertrauen.

Körperliche Zuordnung Energiemangel/Müdigkeit – Gehirn – Stirnhöhlen – Konzentrationsprobleme

Seelische Hintergrundthemen

Energiemangel, Müdigkeit: am eigentlichen Leben vorbeileben; Verausgabung in falschen Lebensbereichen; sich von anderen energetisch ausbeuten lassen.
Gehirn: zentrale Koordinations- und Kommunikationsstelle; Archiv – Wissen; Kopflastigkeit; zuviel argumentieren; Überbetonung des Intellekts; mangelnde Intuition.
Stirnhöhlen: »verschnupft sein«; »von jemandem/etwas die Nase voll haben«; »ein Brett vorm Kopf haben«; zu sehr im Intellekt leben; seine Intuition verkümmern lassen.
Konzentrationsprobleme: bei sich bleiben; nicht abschweifen oder in Äußerlichkeiten flüchten; etwas auf den Punkt bringen.

Meditation

Setz dich vor eine Kerze hin, und blicke in die Flamme. Dann schließe die Augen, und nimm das Licht zwischen deinen Augenbrauen wahr. Wenn du es ganz deutlich siehst, laß es in dein Herz wandern. Laß es dort leuchten, bis dein Herz ganz erhellt wird von dem Strahlen. Laß das Strahlen nun durch deinen ganzen Körper wandern, zu den Augen, auf daß sie sich auf das Gute konzentrieren. Zu den Ohren, auf daß sie Förderliches hören. Zu deiner Zunge, auf daß sie liebevoll spreche. Erhelle deinen ganzen Kopf, dein ganzes Denken. Schick das Licht auch zu deinen Händen, auf daß sie das Richtige anpacken. Und zu deinen Füßen, damit sie in die richtige Richtung gehen. Bist du nun voller Licht und Liebe? Dann laß andere daran teilhaben. Sende es aus in die Welt, und umarme Feind wie Freund. Bist du satt, öffne die Augen.

20

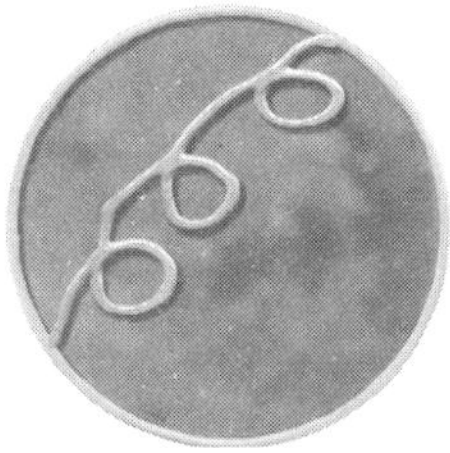

Engel für Liebe und Beziehungen

»Ich lasse Liebe in meine Beziehungen fließen.«

Grundthema ▪ Mit Hilfe dieses Engel(symbol)s können wir es schaffen, von Zweckgemeinschaften loszukommen und unsere Beziehungen liebevoller zu gestalten. Je liebevoller wir mit uns selbst umgehen, je mehr Liebe wir ausstrahlen, desto liebevollere Menschen und Partner ziehen wir an. Dabei ist Liebe nicht nur auf der körperlichen Ebene gemeint, sondern der Umgang mit allen Menschen und Wesen. Kleine Aufmerksamkeiten im Alltag, ein liebevollerer Umgangston, all das macht unser Leben lebenswert. Das, was wir selbst an offenen und versteckten Botschaften, Gesten und Worten aussenden, begegnet uns im Alltag in unseren Beziehungen.

Weitere Themen ▪ »Ich hab' mir ja keinen besseren Partner verdient« – Vernunftbeziehungen – Angst vor Zurückweisung – Selbstwertproblem – Angst vor Nähe – eine Ehe/Beziehung um jeden Preis aufrechterhalten.

Körperliche Zuordnung ▪ Brust, weibliche – Hautprobleme – Herzprobleme – Hände – Lunge

Brust, weibliche: Vernachlässigung/Verletzung der eigenen weiblichen Gefühlswelt; tiefer, unverarbeiteter Kummer; Angst, sich selbst zu lieben und zu leben; Mütterlichkeit.
Hautprobleme: lang Verdrängtes steigt aus dem Unbewußten auf; Berührungsprobleme; sich nach außen abgrenzen; »Faß mich nicht an!«
Herzprobleme: Beklemmungsgefühle; Schrei nach Zuwendung; in seiner (seelischen) Mitte erkranken; im Zentrum der Gefühle verletzt sein.
Hände: Tatkraft; annehmen; geben; besitzen; loslassen; für das eigenen Leben verantwortlich sein; andere manipulieren.
Lunge: Kontakt nach außen; Symbol der Kommunikation; frei atmen; sich austauschen können; offen sein.

Seelische Hintergrundthemen

Meditation

Stell dir vor, du sitzt in der Straßenbahn. Es ist noch früh am Morgen, und du spürst bereits die Hektik des Tages, die sich unter den Fahrgästen verbreitet. Dir gegenüber sitzt eine Frau. Sie sieht mürrisch hinter ihrer Brille hervor. Sie will mit niemandem etwas zu tun haben, signalisiert ihr abweisender Blick. Du lächelst sie an. Sie weicht deinem Lächeln aus und sieht zum Fenster hinaus. Doch du läßt dich nicht verunsichern. In Gedanken schickst du ihr einen Strahl aus rosa Licht und hüllst sie darin ein. Ein, zwei Stationen lang. Dann ist das Eis gebrochen. Sie sieht dich an, und dann – erst zaghaft und dann immer deutlicher – erwidert sie dein Lächeln.

20

21

Engel für Beharrlichkeit und Erfüllung

»Ich glaube und vertraue einem
erfolgreichen Ausgang
meiner Situation.«

Grundthema

Mit Hilfe dieses Engel(symbol)s können wir es schaffen, unsere Ziele zu erreichen, die wir uns gesetzt haben. Siegen bedeutet nicht, andere zu besiegen oder in die Knie zu zwingen. Siegen kann bedeuten, das geschafft zu haben, was wir uns als Ziel gesteckt haben. Es kann bedeuten, unangenehme Eigenschaften in uns besiegt und überwunden zu haben. Möglicherweise haben wir jahrelang an einem Problem gearbeitet und trotz vieler Rückschläge unser Ziel nun erreicht.

Weitere Themen

Sieg und Niederlage – Entschlossenheit und Beharrlichkeit – Zweifel und Mutlosigkeit – Sieg des Lichtes über die Finsternis.

Körperliche Zuordnung

Angst – Beine – Bluthochdruck – Erkältung – Knochen

Seelische Hintergrundthemen

Angst: nicht (mehr) vertrauen können; Geburtstrauma und unverarbeitete Schocks; sich nicht fallenlassen können; Fluchtgefühle.

Seelische Hintergrundthemen

Beine: Standfestigkeit; auf eigenen Beinen stehen; Fortschritt und Vorwärtskommen; sich durchs Leben tragen lassen.
Bluthochdruck: unter Dauerdruck stehen; permanente Verteidigungsbereitschaft; unbewältigte Autoritätskonflikte; unterdrückte Aggression; blockierte Aktivität.
Erkältung: Kommunikation; die Nase voll haben; jemanden nicht riechen können; nichts mehr hinunterschlucken; jemandem etwas husten; »Das läßt mich kalt«.
Knochen: Standfestigkeit und Struktur; innere Festigkeit; Normerfüllung; Prinzipienreiterei bis hin zu Härte und Sturheit.

Meditation

Stell dir vor, wie du am Fuße eines Berges stehst, den du erklimmen möchtest. Auf der Wanderkarte sah es ganz einfach aus, aber nun, »life« im Geschehen, siehst du erst, wie steil und steinig sich der Weg hinaufzieht. Fast verläßt dich der Mut, und die Freude an der bevorstehenden Bergwanderung beginnt nachzulassen. Doch du kehrst jetzt nicht mehr um. Du beginnst deinen Weg. Schritt für Schritt kommst du voran. Schweiß steht dir auf der Stirn, der Atem geht schwer. Es wird immer nebliger, und der Weg scheint kein Ende zu finden. Doch du gehst weiter. Und deine Anstrengung macht sich bezahlt. Am Gipfel bricht die Sonne hervor. Ein Gefühl des Sieges und der Erfüllung macht sich in dir breit.

21

22

Engel für Konsequenz und Ordnung

»Kosmos ist Ordnung.«

Grundthema ▪ Mit Hilfe dieses Engel(symbol)s können wir es schaffen, Ordnung in unser Leben zu bringen. Wenn wir uns eine Grundstruktur schaffen, nach der wir unser Leben gestalten, geht vieles leichter. Prinzipienreiterei und Starre sind damit nicht gemeint. Sie verhärten uns, machen uns unfrei und unlebendig. Harmonie läßt uns innerhalb der selbsterschaffenen Ordnung leben und im Fluß bleiben. Die Ordnung sollte wie Grundpfeiler in unserem Leben und in unseren Beziehungen stehen.

Weitere Themen ▪ Erstarrung – Zwänge – Pedanterie – Unflexibilität – Putzsucht – den Überblick verlieren – sich in einem seelischen Dschungel befinden – das Wesentliche vom Unwesentlichen nicht unterscheiden können.

Körperliche Zuordnung ▪ Knie – Knochen – Hüften – Augen – Bluthochdruck – Rückenschmerzen

Seelische Hintergrundthemen ▪ **Knie:** um keinen Preis nachgeben wollen; Sturheit; Ego; Stolz; in die Knie gezwungen werden; Demut; Selbstverleugnung. **Knochen:** Standfestigkeit und Struktur; innere Festigkeit; Normerfüllung; Prinzipienreiterei bis hin zu Härte und Sturheit.

Hüften: die ersten Schritte tun; den eigenen Aktionsradius testen; Fortschritt; Aufstieg; Übertreibung.
Augen: Spiegel der Seele; nicht hinschauen wollen; die Augen vor etwas verschließen (verdrängen); Zukunftsangst.
Bluthochdruck: unter Dauerdruck stehen; permanente Verteidigungsbereitschaft; unbewältigte Autoritätskonflikte; unterdrückte Aggression; blockierte Aktivität.
Rückenschmerzen: nicht zu sich selbst stehen; unbewußte Unaufrichtigkeit; sich unter Druck gesetzt fühlen; keinen Rückhalt finden.

Seelische Hintergrundthemen

Meditation

Du willst ein Haus bauen, dein Haus. Suche mit deinem geistigen Auge einen Platz, der all deinen Ansprüchen gerecht wird. Ist es eine Wiese? Ein Waldstück? Oder liegt dein Platz in der Hochebene, im Gebirge, am Meer? Je nach Lage wird dein Haus anders aussehen, aber eines ist allen gemeinsam: das Fundament. Lenke all dein Augenmerk auf ein gutes Fundament. Wenn du das Grundkonzept hast, ergibt sich alles andere wie von selbst. Auch in deinem Leben brauchst du diesen Rahmen, der dir Halt bietet, in dem du dich aber frei bewegen kannst. Bau dein Haus in der Bauweise, die dich am meisten freut. Dann öffne die Fenster, laß die Sonne ein und den Wind durch die Zimmer ziehen.

22

23

Engel für Erkenntnis und Annehmen

»Ich erkenne, daß mein Lebensplan alles enthält, was für mich wichtig und sinnvoll ist.«

Grundthema ▪ Mit Hilfe dieses Engel(symbol)s kann es uns gelingen, zu Einsicht und manchmal auch zu einer notwendigen Umkehr zu gelangen. Wie oft passiert es, daß wir uns etwas in den Kopf setzen und keinen Millimeter davon abrücken. Dieser Engel hilft uns, unsere Situation wieder von oben anzuschauen. Manchmal laufen wir Illusionen hinterher, haben Angst, unser Gesicht zu verlieren, oder schalten vielleicht auf stur. Einsicht und Umkehr ist manchmal der einzige Weg, der uns wirklich den entscheidenden Schritt nach vorne weiterbringt.

Weitere Themen ▪ Nach innen gehen – Grenzen überschreiten – das Ego überwinden – fühlen statt denken – akzeptieren statt kämpfen – Abstand gewinnen – auf äußere Zeichen achten.

Körperliche Zuordnung ▪ Allergien – Herz – Lunge – Brustbereich – Hautprobleme

Seelische Hintergrundthemen ▪ **Allergien:** starke, unbewußte, nicht erkannte Aggressivität; unterdrückte Vitalität, besonders im Frühling; Überreaktion auf der Körperebene; Kontaktallergien: »Damit will ich nichts mehr zu tun haben!« (z. B. Friseur – Haarfarbe ...).

Herzprobleme: Beklemmungsgefühle; Schrei nach Zuwendung; in seiner (seelischen) Mitte erkranken; im Zentrum der Gefühle verletzt sein

Lunge: Kontakt nach außen; Kommunikation; frei atmen; sich austauschen können; offen sein.

Brustbereich, Engegefühl im: zuwenig Raum haben; die eigene Persönlichkeit wird eingeengt; Unterdrückung der Gefühle.

Hautprobleme: lang Verdrängtes steigt aus dem Unbewußten auf; Berührungsprobleme; sich nach außen abgrenzen; »Faß mich nicht an!«

Seelische Hintergrundthemen

Meditation

Stell dir vor, du bist auf einer Berghütte, von wo aus du zahlreiche Wanderungen machst. Heute hast du eine größere Route vor – der höchste Gipfel wartet, und du willst ihn bezwingen. Doch der Hüttenwirt warnt dich. Das Wetter wird umschlagen. Es ist sogar mit Nebel zu rechnen. Unwirsch schiebst du diese Warnung beiseite und machst dich auf den Weg. Als die ersten Nebelschwaden aufziehen, überlegst du, ob du nicht doch umkehren solltest. Deine innere Stimme mahnt dich dazu. Im ersten Augenblick bist du noch stur und gehst weiter. Doch dann siegt die Vernunft, und du beginnst, den sicheren Rückweg anzutreten. In der Hütte wirst du mit einem Lächeln und einem warmen Tee begrüßt.

23

24

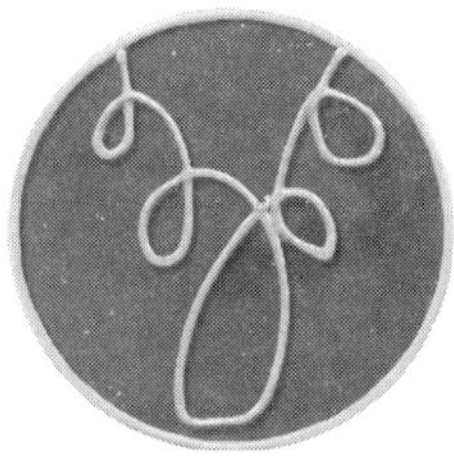

Engel für wiederkehrende Gedanken und Lösungen

»Ich öffne mich für göttliche Lösungen, die mir bei meinen Problemen weiterhelfen.«

Grundthema ▮ Mit Hilfe dieses Engel(symbol)s können wir lernen, aus unseren immer wiederkehrenden Gedanken herauszukommen und eine Lösung zu finden. Oft bewegen wir uns gedanklich auf einem eingefahrenen Gleis, das uns nicht weiterbringt. Würden wir nur ein Stück davon abrücken, kämen wir auf eine andere Spur, würden Perspektive und Sichtweise sich verändern und eine Lösung auftauchen. Häufig sind wir in Denkmustern verhaftet, die wir – ohne sie zu hinterfragen – aus der Kindheit oder dem Elternhaus mitgebracht haben. Dieser Engel hilft uns, die Gedankenspur zu wechseln und Lösungen zu erkennen, die möglicherweise schon auf uns warten.

Weitere Themen ▮ Konzentrationsprobleme – Schlafstörungen – Angst vor ungewöhnlichen Lösungsmöglichkeiten – Angst, Tabus zu brechen – Außenseiter sein – Visionen erkennen und umsetzen.

Körperliche Zuordnung ▮ Hypophyse – Kopfschmerzen – Konzentrationsprobleme – Schlafstörungen

Seelische Hintergrundthemen

Hypophyse/Hirnanhangdrüse/»3. Auge«: Einsicht; nach der inneren Uhr, nach dem inneren Rhythmus leben.
Kopfschmerzen: Kopflastigkeit; Überbetonung des Intellekts; Perfektionismus; sich etwas in den Kopf setzen; mit dem Kopf durch die Wand wollen; sich etwas vormachen; das berühmte »Brett vorm Kopf« haben.
Konzentrationsprobleme: bei sich bleiben; nicht abschweifen oder in Äußerlichkeiten flüchten; etwas auf den Punkt bringen.
Schlafstörungen: die Kontrolle nicht aufgeben wollen; kreisende Gedanken; Angst; zuviel Energie.

Meditation

Stell dir vor, du sitzt in einem Zug.
Er fährt immer die gleiche Strecke, und die Landschaft ist dir
schon sattsam bekannt. Du wirst immer unzufriedener
mit deinem Zug – dort, wo er stehenbleiben soll, fährt er weiter,
dort, wo du schnell durch willst, hält er stundenlang an.
Es gibt keinen Speisewagen, und der Schaffner ist nicht da.
Am liebsten würdest du abspringen ... Tu es.
Jetzt ist die beste Gelegenheit.
Nimm einen Anlauf und spring! Unter dir ist
dichtes, weiches Moos! Es fängt dich auf. Unversehrt stehst du
auf und siehst zu, wie dein alter Zug davontuckert.
Atme tief durch. Dann dreh dich um, und marschier davon.

24

25

Engel für spirituelle Kraft und Umsetzung

»Ich erkenne meine spirituelle Seite und stehe dazu.«

Grundthema Mit Hilfe dieses Engel(symbol)s können wir es schaffen, auf unserem spirituellen Weg weiterzugehen, uns weiterzuentwickeln, auch wenn wir dabei Schwierigkeiten überwinden müssen. Je mehr wir unsere Seele und unser Denken aus der Materie herausziehen, je mehr wir »ins Licht gehen«, desto mehr werden wir geprüft. Zweifel überkommen uns, Schwierigkeiten tauchen auf. Dieser Engel hilft uns in Situationen, in denen wir alles in Frage stellen. Er gibt uns Stärke und Willenskraft, unseren begonnenen Weg ins Licht weiterzugehen.

Weitere Themen Den eigenen Lebensplan leben – seelische Prüfungen bestehen – aus Problemen lernen – sich zu seiner Spiritualität bekennen – als Außenseiter leben.

Körperliche Zuordnung Wirbelsäule – Rückenschmerzen – Hypophyse – Kopfschmerzen

Wirbelsäule: Sitz vieler Emotionen; Halt; Aufrichtigkeit; Dynamik; Haltung annehmen.
Rückenschmerzen: nicht zu sich selbst stehen; unbewußte Unaufrichtigkeit; sich unter Druck gesetzt fühlen; keinen Rückhalt finden.
Hypophyse/Hirnanhangdrüse/»3. Auge«: Einsicht; nach der inneren Uhr, nach dem inneren Rhythmus leben.
Kopfschmerzen: Kopflastigkeit; Überbetonung des Intellekts; Perfektionismus; sich etwas in den Kopf setzen; mit dem Kopf durch die Wand wollen; sich etwas vormachen; das berühmte »Brett vorm Kopf« haben.

Seelische Hintergrundthemen

Meditation

Stell dir vor, du bist ein Glühwürmchen, das sich in einem dunklen Wald verirrt hat. Du fliegst, und du blinkst, aber niemand antwortet dir. Im Gegenteil – alle Tiere sind dir unbekannt, und auch die Bäume ringsum geben dir keine Antwort. Du fühlst dich ziemlich verloren. Da! Auf einmal siehst du ein Funkeln. Du fliegst darauf zu. Ja, es ist eine verwandte Seele, es ist auch ein Glühwürmchen, ganz wie du. Gemeinsam beginnt ihr einen Freudentanz, einen Tanz des Lichtes. So groß wird euer Funkeln, daß auch andere Glühwürmchen davon angezogen werden. Bald sieht der Wald wie ein Lichtermeer aus. Und noch immer werden es mehr ...

25

26

Engel für Erneuerung und Entwicklung

»Ich lasse alle Erneuerungen zu und wandle mich im Laufe meines Lebens.«

Grundthema ■ Mit Hilfe dieses Engel(symbol)s können wir es schaffen, uns körperlich und geistig zu erneuern. Dieser Engel hilft uns in Situationen, in denen die Selbstheilungskräfte des Körpers aktiviert werden müssen. Menschen, die jahraus, jahrein im selben Trott dahinleben, sich nicht wandeln, werden stumpf und grau. Sie vertrocknen körperlich und seelisch. Manchmal ist es erforderlich, daß wir uns häuten und erneuern, so wie es manche Tiere tun. Wenn wir das Alte, Abgestorbene ablegen, haben wir Platz für Neues in unserem Leben.

Weitere Themen ■ Stagnation – Resignation – Phlegma – Freudlosigkeit – Ziellosigkeit – Gedankenlosigkeit – Unbekümmertheit – an der Oberfläche des Lebens treiben.

Körperliche Zuordnung ■ Nervosität – Gehirn – Sinnesreizungen – Verstopfung

Seelische Hintergrundthemen ■ **Nervosität:** in extremer Anspannung leben; im Außen kämpfen; Sinnesüberreizung; Überforderung; nicht loslassen können.

Gehirn: zentrale Koordinations- und Kommunikationsstelle; Archiv – Wissen; Kopflastigkeit; zuviel argumentieren; Überbetonung des Intellekts; mangelnde Intuition.
Sinnesreizungen: Überforderung; sich etwas vormachen; sich von etwas täuschen lassen; im Konsumrausch untergehen.
Verstopfung: seelische Belastungen nicht loslassen wollen; sich mit Unbrauchbarem belasten; Habgier; Langsamkeit; sich innerlich ausgetrocknet fühlen.

Meditation

Du hast eine lange Wanderung hinter dir. Du bist müde, verstaubt, deine Kleidung ist auch schon zerrissen. Da begegnest du einem jungen Mann. Er strahlt voller Frische, das nasse Haar glänzt in der Sonne. »Ich komme vom Jungbrunnen«, sagt er, und freundlich weist er dir den Weg. »Du mußt nur alles zurücklassen«, sagt er noch, »dann wirst du wieder wie neu«. An der Quelle angekommen, zögerst du. Wie wird es sich anfühlen, so nackt, so neu? Dann siegt dein Urvertrauen – du läßt deine Kleidung am Ufer zurück, steigst ins Naß, schwimmst hindurch und kommst drüben an. Siehe da, ein neues Gewand liegt für dich bereit. Du schlüpfst hinein – es schmiegt sich weich an. Es paßt wie angegossen. Nun strahlst auch du.

27

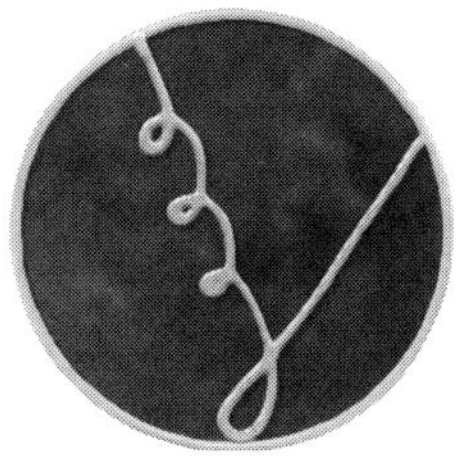

Engel für Tod und Wiedergeburt

»Jeder Tod ist gleichzeitig ein Neubeginn.«

Grundthema Mit Hilfe dieses Engel(symbol)s können wir es schaffen, Altes und Verbrauchtes in uns und unserem Leben sterben und hinter uns zu lassen. Wenn wir bereit sind, alles Belastende loszulassen, gehen wir durch einen Geburtskanal und sind bereit für einen Neubeginn. Dies kann im privaten, beruflichen, finanziellen oder körperlichen Bereich sein. Dieser Engel ist stets an unserer Seite. Dann, wenn es am dunkelsten ist, können wir sicher sein, daß das Licht schon sehr nahe ist. Manchmal ist es nötig, etwas in uns sterben zu lassen, um erneuert und glücklich aus dieser Situation hervorzugehen.

Weitere Themen Loslassen auf allen Ebenen – Entscheidungen ohne Sicherheitsnetz treffen – eine (Beziehungs-)Krise durchstehen – Nahtoderfahrungen – auf materielle Sicherheiten verzichten – sich von den Eltern abnabeln.

Körperliche Zuordnung Blase – Geschlechtsorgane – Unfruchtbarkeit – Sexualität

Blase: sich Erleichterung verschaffen; etwas oder jemanden loslassen; Druck aushalten; mit Spannungen umgehen.
Geschlechtsorgane: die Polarität überwinden; in die Einheit gehen; Leben schenken.
Unfruchtbarkeit: unbewußte Abwehr einer Schwangerschaft; nicht aufnahmebereit sein; Angst vor der Verantwortung; Streß; Arbeitsüberlastung.
Sexualität: seinen Körper nicht so akzeptieren, wie er ist; sich nicht fallenlassen können; den anderen auf Distanz halten; sich und dem anderen etwas vorspielen.

Seelische Hintergrundthemen

Meditation

Schließe deine Augen, und stelle dir einen Schmetterling vor. Schau genau hin. Siehst du seine seidigen Flügel? Die feinen Farbnuancen? Die Härchen auf seinen Fühlern, wie sie im Wind zittern? Noch schaukelt er hin und her, läßt sich die Flügel vom Winde trocknen. Denn er ist gerade frisch geschlüpft. Bald wird er durch Leichtigkeit und Schönheit bezaubern. All das ist auch in dir. Mach es wie der Schmetterling – laß dich verwandeln. Vom Ei zur Raupe, zur Puppe, zum Schmetterling. Laß es einfach zu, und laß zurück, was du nicht mehr brauchst, was eigentlich nicht mehr zu dir gehört. Schau – dein Schmetterling ist fortgeflogen! Siehst du ihn noch?

28

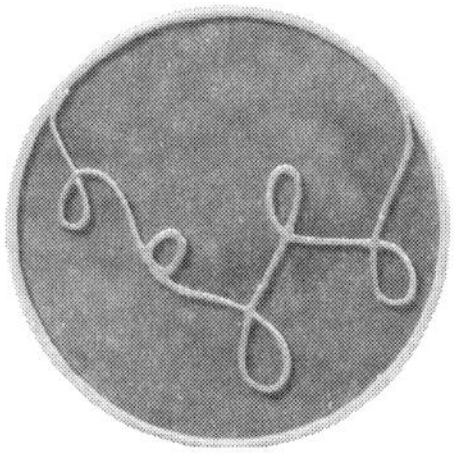

Engel für Geduld und Zeitlosigkeit

»Ich nehme in Geduld alles an.«

Grundthema ■ Mit Hilfe dieses Engel(symbol)s können wir es schaffen, die Geduld aufzubringen, die das Leben manchmal von uns fordert. Eine übereilte Handlung, ein voreiliger Entschluß machen oft alles zunichte, was wir geplant und aufgebaut haben. Es ist wichtig, die Zeitqualität in Entscheidungen miteinzubeziehen. Wenn der Zeitpunkt nicht paßt, dann plagen wir uns ab und kommen doch nicht voran. Ist der Zeitpunkt günstig, geht alles leichter von der Hand, und so manches Problem löst sich wie von selbst. Geduld und das Annehmen von »Wartezeiten«, in denen wir in bestehende Probleme oder Situationen nicht eingreifen dürfen, ist die Lernaufgabe, bei der uns dieser Engel unterstützt.

Weitere Themen ■ Annehmen von Lernsituationen – besserer Umgang mit unserer Zeit – das Warten lernen.

Körperliche Zuordnung ■ Oberschenkel – Hüften – Hände – Nervosität

Oberschenkel: Fortschritt verhindern; nicht weiterkommen; keine Kraft für Veränderungen aufbringen wollen; Sexualität; Hochmut.
Hüften: die ersten Schritte tun; den eigenen Aktionsradius testen; Fortschritt; Aufstieg; Übertreibung.
Hände: stehen für Tatkraft; annehmen; geben; besitzen; loslassen; für das eigene Leben verantwortlich sein; andere manipulieren.
Nervosität: in extremer Anspannung leben; im Außen kämpfen; Sinnesüberreizung; Überforderung; nicht loslassen können.

Seelische Hintergrundthemen

Meditation

Stell dir vor, du bist eine Rose, die gerade erblüht. Du brauchst Sonne, Wasser und vielleicht sogar einen Dünger, wenn der Boden karg ist. Stell dir all dies zur Verfügung, sei großzügig. Und dann – hab Geduld. Nimm dich an, so wie du bist. Sei nicht traurig, wenn du noch eine kleine, ganz verschlossene Knospe bist. Freue dich vielmehr – du bist dabei, dich zu einer wunderschönen Blüte zu entfalten. Streck dich der Sonne entgegen, und gönn dir all die Zeit, die notwendig ist, bis du zur vollen Schönheit erblüht bist. Denk daran: Der Weg ist das Ziel!

29

Engel für materielle Angelegenheiten

»Ich verdiene es, materiellen Wohlstand zu besitzen.«

Grundthema ■ Mit Hilfe dieses Engel(symbol)s können wir es schaffen, unseren Umgang mit Finanzen zu verbessern. Geld sollte nicht an unseren Fingern kleben, indem wir uns gar nichts mehr gönnen. Es sollte uns aber auch nicht zwischen den Fingern zerrinnen. Es kann auch manchmal erforderlich sein zu lernen, daß alles im Leben einen Wert hat und durch den entsprechenden Gegenwert ausgeglichen wird. Wenn wir immer nur geben und nichts dafür erhalten, entsteht bald ein Energiedefizit, das sich bemerkbar machen kann – körperlich, seelisch oder materiell. Dieser Engel hilft uns, die Übersicht zu bewahren und in Klarheit zu leben.

Weitere Themen ■ Gutmütigkeit – Verlust von Wertsachen oder Geld – Geiz – Starrsinn – Verschwendungssucht – den Fluß des Lebens blockieren.

Körperliche Zuordnung ■ Knochen – Zähne – Knie – Gelenke

Knochen: stehen für Stand und Struktur; innere Festigkeit; Normerfüllung; Prinzipienreiterei bis hin zu Härte und Sturheit.

Zähne: Mittel der Durchsetzung; Zähne zeigen; Biß haben; Aggression; Urvertrauen.

Knie: um keinen Preis nachgeben wollen; Sturheit; Ego; Stolz; in die Knie gezwungen werden; Demut; Selbstverleugnung.

Gelenke: Ausdruck der Beweglichkeit; Grenzen haben und erkennen; sich auf etwas versteifen; Starre.

Seelische Hintergrundthemen

Meditation

Stell dir vor, du bist in einer Ausstellung. Ein Bild ist schöner als das andere, und eines, ein ganz farbenprächtiges, berührt dein Herz. Du siehst nach, was es kostet ... es ist dir zu teuer. Schon willst du dich enttäuscht abwenden. Halt – laß dich ganz auf diese Situation ein, und fühle. Fühle wirklich. Auf der einen Seite – die Beschränkung. Auf der anderen Seite – das Bild mit seiner Energie, die sehr gut für dich ist. Gib nun in deiner Vorstellung das Geld dafür her. Stärke dich mit der Kraft des Bildes. Vertraue. Wenn du dich wirklich darauf einläßt, fließt dir das nötige Geld für dieses Bild von außen wieder zu. Kannst du es schon fühlen?

29

30

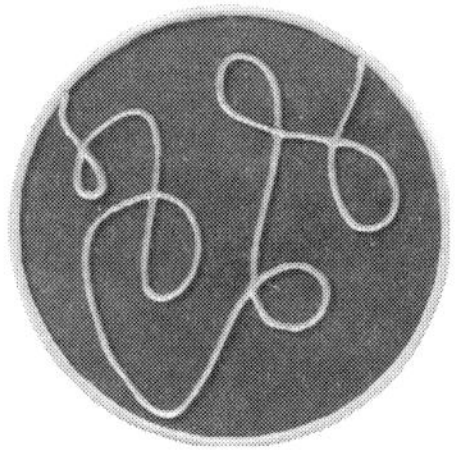

Engel für Mut und Beharrlichkeit

»Ich nehme mutig und mit allen Konsequenzen die Herausforderungen meines Lebens an.«

Grundthema Mit Hilfe dieses Engel(symbol)s können wir Situationen, in denen Mut und Ausdauer gefragt sind, bestehen. Es ist manchmal erforderlich, abseits gewohnter oder gesellschaftlicher Normen Entscheidungen zu treffen, die unkonventionell sind. Mut ist auch erforderlich, um Entscheidungen zu fällen, bei denen der Ausgang einer Situation nicht vorhersehbar ist. Mut erfordert es auch, zu einem Partner zu stehen, der von anderen kritisiert oder in Frage gestellt wird. Dann werden wir auf die Probe gestellt, ob wir bei ihm ausharren oder nicht. Geduld und Beharrlichkeit gehen oft Hand in Hand, sie zu erlernen ist eine der größten Lernaufgaben, die uns vom Leben gestellt werden.

Weitere Themen Durchhaltevermögen – Konsequenz – trotz Schwierigkeiten nicht aufgeben – zu seiner eigenen Wahrheit stehen – Selbstdisziplin – Ängste überwinden.

Körperliche Zuordnung Streß – Angst – Lunge – Füße

Seelische Hintergrundthemen

Streß: übertriebener Ehrgeiz; jemandem etwas beweisen wollen; auf Hochtouren sein; den inneren Antrieb mißbrauchen.
Angst: nicht (mehr) vertrauen können; Geburtstrauma und unverarbeitete Schocks; sich nicht fallenlassen können; Fluchtgefühle.
Lunge: Kontakt nach außen; Symbol der Kommunikation; frei atmen; sich austauschen können; offen sein.
Füße: Standfestigkeit; Verwurzelung; im Leben Fuß fassen; selbständig die eigenen Standpunkte vertreten.

Meditation

Dir ist ein Bild von einem weisen Mann in die Hände gefallen. Er hat die Antwort auf all deine Fragen, doch leider wohnt er im tiefsten Dschungel. So sehr zieht dich diese Begegnung an, daß du alles in die Wege leitest, um dorthin zu gelangen. Deine Freunde, deine Familie haben dich für verrückt erklärt, als du ihnen von deiner Reise erzähltest. Also bist du allein unterwegs, und es wird dir nicht leicht gemacht. Der Dschungel selbst versperrt dir den Weg, es ist heiß und schwül. Insekten umschwirren dich, du hörst Geräusche, die dir unheimlich sind. Furcht steigt auf, doch du gehst weiter. Mit jedem weiteren Schritt wächst dein Selbstvertrauen. Dein Mut wird belohnt. Früher als erwartet kommst du ans Ziel. Der weise Mann reicht dir die Hand.

31

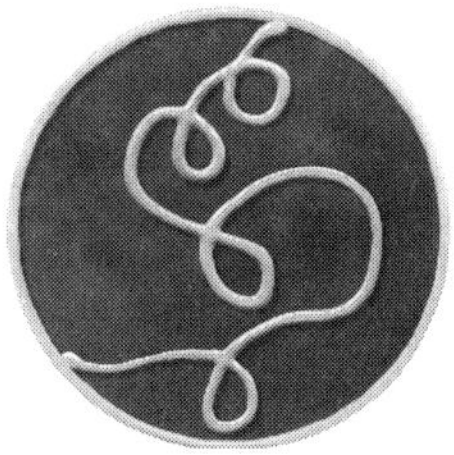

Engel für Mitmenschlichkeit

»Ich bin bereit, anderen zu helfen, wahre dabei aber meine Grenzen.«

Grundthema ■ Mit Hilfe dieses Engel(symbol)s können wir anderen helfen und unser Leben in den Dienst am Nächsten stellen. Es ist nicht immer einfach, Energie, Kraft und Geduld für andere aufzubringen. Manche Menschen saugen uns richtiggehend aus, und es ist wichtig, sich dagegen zu schützen. Dieser Engel hilft uns, das goldene Mittelmaß zwischen Nähe und Distanz, Helfen und Ausgenütztwerden zu finden. Er schützt uns vor Energieräubern und macht uns offen für Situationen, in denen unsere Hilfe und unsere Sensibilität von anderen Menschen dringend benötigt werden.

Weitere Themen ■ Übertriebene Selbstlosigkeit – Hilfe nicht annehmen können – seine Schwäche nicht zeigen können – Grenzen setzen lernen – Nein-Sagen lernen.

Körperliche Zuordnung ■ Blutgefäße – Herz – Depression – Energiemangel/Müdigkeit

Blutgefäße: energetisch im Fluß sein; sich und andere versorgen; Lebenskraft; Kommunikation.
Herzprobleme: Beklemmungsgefühle; Schrei nach Zuwendung; in seiner (seelischen) Mitte erkranken; im Zentrum der Gefühle verletzt sein.
Depression: unterdrückte Aggression, oft gegen sich selbst gerichtet; Flucht vor Streß; unterdrückte Trauer.
Energiemangel/Müdigkeit: am eigentlichen Leben vorbeileben; Verausgabung in falschen Lebensbereichen; sich von anderen energetisch ausbeuten lassen.

Seelische Hintergrundthemen

Meditation

Stell dir vor, ein Freund ist zu dir gekommen. Er sitzt dir gegenüber und erzählt dir von seinen Problemen. Du hörst ihm zu, gehst auf ihn ein, bist ihm eine Stütze. Doch was auch immer du sagst, es kommt nicht an. Und was auch immer du tust, es scheint – für deinen Freund – nicht das Richtige zu sein. Du fühlst, wie es dir selbst immer schlechter geht. Seine Probleme rauben deine Kraft und Energie. Zieh nun schnell einen Zylinder aus goldenem Licht rings um dich, und decke die obere Öffnung ab. Spüre, wie gut sich das anfühlt. Atme auf. Nun bist du energetisch geschützt und kannst helfen, ohne daß es dich auslaugt.

32

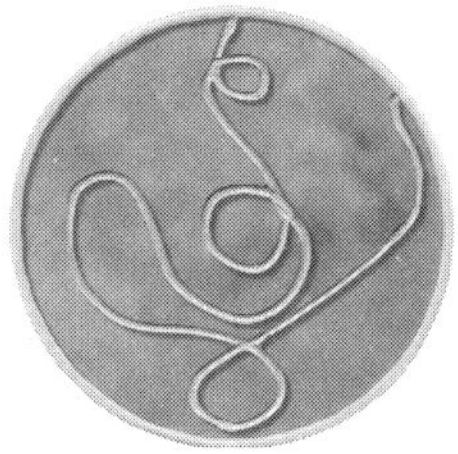

Engel für Befreiung von Abhängigkeiten

»Ich bin frei von alten Mustern, Abhängigkeiten und Wertvorstellungen.«

Grundthema ▪ Mit Hilfe dieses Engel(symbol)s können wir es schaffen, aus unserem selbsterrichteten Käfig von Ängsten und Emotionen, aber auch gesellschaftlichen Werturteilen und Normen herauszukommen. Dieser Engel befreit uns von falschen Wertvorstellungen, von alten Mustern und überholten Moralvorstellungen. Er erlöst uns von falschen Denkstrukturen und Erwartungshaltungen. Auch Abhängigkeiten, seien es Süchte oder Abhängigkeiten von anderen Menschen, werden aufgehoben. Erst wenn wir innerlich frei sind, spüren und erleben wir uns selbst.

Weitere Themen ▪ Begrenzungen – eingeschränkter Bewegungsradius – sich an etwas nicht herantrauen – Sucht- und Suchtverhalten – emotionale Abhängigkeiten – die inneren Fesseln lösen (Cutting-Methode nach Phyllis Krystal).

Körperliche Zuordnung ▪ Hautprobleme – Herzprobleme – Lunge – Hüften

Hautprobleme: lang Verdrängtes steigt aus dem Unbewußten auf; Berührungsprobleme; sich nach außen abgrenzen; »Faß mich nicht an!«
Herzprobleme: Beklemmungsgefühle; Schrei nach Zuwendung; in seiner (seelischen) Mitte erkranken; im Zentrum der Gefühle verletzt sein.
Lunge: Kontakt nach außen; Kommunikation; frei atmen; sich austauschen können; offen sein.
Hüften: die ersten Schritte tun; den eigenen Aktionsradius testen; Fortschritt; Aufstieg; Übertreibung.

Seelische Hintergrundthemen

Meditation

Stell dir vor, du sitzt eingesperrt in einem Turm. Die Mauern um dich herum sind deine Ängste und deine negativen Erwartungen. Sie erdrücken dich beinahe. Du atmest schwer, die Luft ist modrig und feucht. Da fällt ein Sonnenstrahl durch eine Mauerritze hindurch und erweckt deine Neugier. Du gehst hin und siehst durch den Spalt in eine gänzlich neue Welt. Dort ist es hell, die Sonne strahlt, und das Leben draußen erscheint dir in bunten Farben. Deine Sehnsucht nach dieser Welt wird stark. Voller Konzentration nimmst du die neue Energie um dich herum auf. Dann atmest du tief durch und sprengst deinen Kerker. Du bist frei und fühlst dich wie neugeboren.

33

Engel für das schöpferische Wort

»Ich lerne, meinen Gefühlen Ausdruck zu verleihen.«

Grundthema ▪ Mit Hilfe dieses Engel(symbol)s können wir daran arbeiten, unsere Sprachbarrieren zu überwinden und das auszusprechen, was uns am Herzen liegt. Oft ziehen wir es vor, nichts zu sagen und zu schweigen, weil wir meinen, uns nicht so gewandt ausdrücken zu können wie unser Gesprächspartner. Wir spüren unsere Gefühle deutlich, uns fehlen aber die richtigen Worte, um diese auch mitzuteilen. Damit setzen wir uns selbst Grenzen. Dieser Engel kann uns sehr gut helfen, unsere Gedanken kreativ und ausdrucksvoll in Worte zu kleiden und Emotionen mitzuteilen, die von allen gut verstanden werden.

Weitere Themen ▪ Singen – Schauspielerei – Texten – Theater spielen – Gedichte/Briefe/Tagebuch schreiben – nonverbaler Kontakt.

Körperliche Zuordnung ▪ Hals – Schilddrüse – Stimmbänder – Entzündung

Seelische Hintergrundthemen ▪ **Hals und Halsprobleme:** Kommunikation; etwas nicht schlucken; im Hals steckenbleiben; jemandem an den Kragen gehen; Gier – den Hals nicht voll kriegen.

Schilddrüse: *Überfunktion*: Konflikte mit Autorität und Abhängigkeit; Überforderung; Lebensgier; verdrängte Todesangst. *Unterfunktion*: sich von der Außenwelt abschotten; fehlende Süße im Leben; Rückzug.
Stimmbänder: Zeichen für emotionalen Selbstausdruck; in Kontakt treten; sich »outen«; verbaler Austausch.
Entzündung: grobstofflich gewordener Konflikt; Aggression oder Energiestau; Abwehrreaktion, insbesondere bei neuen Herausforderungen.

Seelische Hintergrundthemen

Meditation

Leg dich hin, entspanne dich, geh mit deinem
Atem in deinen Hals- und Kehlkopfbereich.
Spürst du die Verspannungen, den Kloß im Hals?
Dort, wo die Verkrampfung am allergrößten ist,
dort male in Gedanken ein kleines Tor auf deinen Hals.
Es ist türkis. Öffne nun gedanklich dieses Tor,
und lasse alles hinaus, was du sagen möchtest:
deine Ideen, deine Wünsche, deine Verbesserungsvorschläge,
deine Kritik, vielleicht sogar eine Liebeserklärung.
Wie geht es dir jetzt? Fühlst du dich freier, wohler, entspannter?
Übrigens: Das Tor bleibt offen, ab sofort kannst du
diese Worte auch wirklich aussprechen!

34

Engel für altes Wissen

»Ich habe den Mut,
meiner inneren Weisheit
zu vertrauen.«

Grundthema ■ Mit Hilfe dieses Engel(symbol)s können wir an unser inneres Wissen gelangen. Oft spüren wir, was richtig und was falsch ist, und genauso oft verdrängen wir es wieder. Zweifel kommen auf, der Intellekt prägt uns zu sehr. Je mehr wir eine Bewußtseinserweiterung zulassen, je mehr wir den Kanal nach oben öffnen, desto mehr nähern wir uns dem Wissen, das in jedem von uns liegt. Wenn wir den Kontakt mit diesem Engel intensivieren, ihn bitten, uns zu führen, kommen wir der Wahrheit und Erleuchtung immer näher, welche uns, aber auch anderen in so vielen Lebenssituationen weiterhelfen können.

Weitere Themen ■ Angst vor parapsychologischen Phänomenen – ein Medium sein – Hellsehen – Traumsymbolik – Channeln – unserer inneren Stimme hundertprozentig vertrauen.

Körperliche Zuordnung ■ Kopfschmerzen – Hypophyse – Sinnesreizungen

Kopfschmerzen: Kopflastigkeit; Überbetonung des Intellekts; Perfektionismus; sich etwas in den Kopf setzen; mit dem Kopf durch die Wand wollen; sich etwas vormachen; das berühmte »Brett vorm Kopf« haben.
Hypophyse/Hirnanhangdrüse/»3. Auge«: Einsicht; nach der inneren Uhr, nach dem inneren (Lebens-)Rhythmus leben.
Sinnesreizungen: Überforderung; sich etwas vormachen; sich von etwas täuschen lassen; im Konsumrausch untergehen.

Seelische Hintergrundthemen

Meditation

Setz dich entspannt auf einen Stuhl. Die Beine stehen fest auf dem Boden. Mit deinen Sohlen spürst du den Boden unter dir. (Wenn es möglich ist, dann zieh die Schuhe aus.) Gehe nun in Gedanken von den Beinen durch den ganzen Körper hinauf in deinen Kopf bis knapp unter die Schädeldecke. Nun stell dir vor, wie sich dein Scheitel öffnet und sich mit einem strahlenden Licht über dir verbindet. Fühle, wie Licht und Sternengefunkel in dich eindringen. Laß dieses Licht durch deinen ganzen Körper fließen, spür, wie es dich erhellt und von innen erleuchtet. Du bist in Kontakt mit deinem Sonnenengel.

35

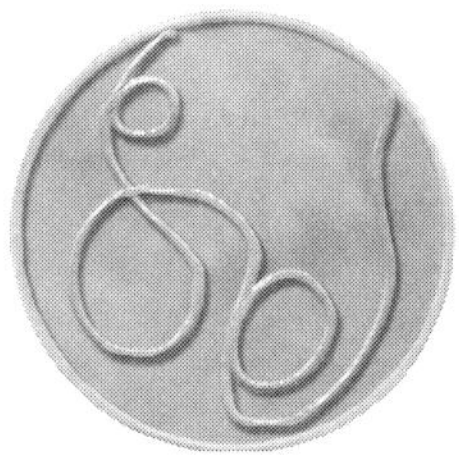

Engel für Tatkraft und Erfolg

»Ich glaube an mich
und an meinen Erfolg.«

Grundthema ■ Mit Hilfe dieses Engel(symbol)s können wir lernen, an Erfolg zu glauben und ihn auch zuzulassen. Oft sind wir es selbst, die den eigenen Erfolg verhindern, weil wir nicht an ihn glauben. Oder wir zweifeln an unserem Selbstwert und befürchten, daß wir Erfolg möglicherweise gar nicht verdient hätten. Dieser Engel kann uns helfen, Ideen und Projekte, unsere tägliche Arbeit oder Heilerfolge zuerst in Gedanken, dann auch in der Realität Wirklichkeit werden zu lassen und erfolgreich zu sein. Manchmal ist Erfolg nicht eine Frage des Könnens, sondern des Zulassens.

Weitere Themen ■ Pionierarbeit – Ideen in die Tat umsetzen – finanzieller Erfolg – seine eigenen Begrenzungen überwinden – an Unerreichbares glauben – unkonventionelle Schritte tun – unseren Träumen Kraft verleihen.

Körperliche Zuordnung ■ Knochen – Streß – Osteoporose – Bluthochdruck

Seelische Hintergrundthemen ■ **Knochen:** Standfestigkeit und Struktur; innere Festigkeit; Normerfüllung; Prinzipienreiterei bis hin zu Härte und Sturheit.

Streß: übertriebener Ehrgeiz; jemandem etwas beweisen wollen; auf Hochtouren sein; den inneren Antrieb mißbrauchen.
Osteoporose: mangelnde Stabilität; zu wenig gefestigt sein; zuviel Ballast mit sich tragen; alte Lebensmuster.
Bluthochdruck: unter Dauerdruck stehen; permanente Verteidigungsbereitschaft; unbewältigte Autoritätskonflikte; unterdrückte Aggression; blockierte Aktivität.

Seelische Hintergrundthemen

Meditation

Stell dir vor, du gehst ins Kino und siehst dir einen Film über erfolgreiche Menschen an. Du hörst ihre Lebensgeschichte, ihren Werdegang. Vor allem erfährst du von Situationen, die dem Erfolg scheinbar im Wege standen. Ein erfolgreicher Weltumsegler erzählt zum Beispiel vom ärgsten Sturm seines Lebens und wie er ihn überlebt hat. Danach hatte er vor keinem Wetter mehr Angst. Eine Designerin berichtet vom größten Flop ihrer Karriere – einem Kleid, das sich auf dem Laufsteg in seine Bestandteile auflöste. Doch alle dachten, es sei ein kalkulierter Gag. Ihr Name kam in die Medien, die Bank gab ihr den gewünschten Kredit. Ganz fasziniert lauschst du den Berichten, und der Film kommt zu seinem Ende. Nur noch einer wird seine Geschichte erzählen. Das bist du. Hör genau hin, und schmunzle.

36

Engel für Loslassen

»Im Loslassen liegt
die einzige Sicherheit.«

Grundthema

Mit Hilfe dieses Engel(symbol)s können wir es schaffen, loszulassen, was uns belastet. Oft sind es gerade die größten Wünsche, die wir loslassen sollen, damit sie in Erfüllung gehen können. Durch unsere kreisenden Gedanken blockieren wir in vielen Fällen die Energien, die die Erfüllung eines Wunsches oder einer Vision erst ermöglichen können. Erst wenn wir alles losgelassen haben, kann das eintreten, was unser sehnlichster Wunsch ist. Dieser Engel kann uns aber auch helfen, wenn wir in materiellen Angelegenheiten zu ängstlich sind. Oft ist es nötig, alles zurückzulassen und ein neues, erfülltes Leben zu beginnen.

Weitere Themen

Klammern – auf seinen Ersparnissen sitzen – ein großes finanzielles Sicherheitspolster benötigen – Gewichtsprobleme – Kinder überbehüten – sammeln und horten.

Körperliche Zuordnung

Hände – Herz – Blase – Sexualität – Verstopfung

Seelische Hintergrundthemen

Hände: Tatkraft; annehmen; geben; besitzen; loslassen; für das eigene Leben verantwortlich sein; andere manipulieren.

Herzprobleme: Beklemmungsgefühle bezüglich Herzensangelegenheiten; das Herz schreit nach Zuwendung; in seiner (seelischen) Mitte erkranken; im Zentrum der Gefühle verletzt sein.
Blase: sich Erleichterung verschaffen; etwas oder jemanden loslassen; Druck aushalten; mit Spannungen umgehen.
Sexualität: seinen Körper nicht so akzeptieren, wie er ist; sich nicht fallenlassen können; den anderen auf Distanz halten; sich und dem anderen etwas vorspielen.
Verstopfung: seelische Belastungen nicht loslassen wollen; sich mit Unbrauchbarem belasten; Habgier; Langsamkeit; sich innerlich ausgetrocknet fühlen.

Seelische Hintergrundthemen

Meditation

Jeder Mensch hat Sehnsüchte, und manch einer trägt sein Leben lang einen ganz besonderen Wunsch in sich. Sei es eine Weltumsegelung, das Wunschkind oder ein Traumhaus ... Nur wenn dieser Wunsch losgelassen wird, kann er in Erfüllung gehen. Denn wenn die Gedanken immer wieder darum kreisen, ist die Energie gebunden. Und nun zu dir: Denke an deinen größten Wunsch, und schließe deine Augen. Packe deinen Wunsch nun in eine Schachtel, und binde diese an einen Heißluftballon. Schau, der Ballon steigt auf, und mit ihm dein Wunsch! Schau dem Ballon nach, wie er kleiner und kleiner wird. Jetzt ist er nur mehr ein kleiner Punkt, und auch dieser verblaßt am Himmel. Gratuliere – du hast endlich losgelassen!

36

37

Engel für All-Liebe

»Ich entwickle mich von der bedingungslosen zur allumfassenden Liebe weiter.«

Grundthema Mit Hilfe dieses Engel(symbol)s können wir lernen, alles zu lieben, was das Leben für uns bereithält. Nicht nur Angenehmes und Positives, sondern auch unsere Stolpersteine und Schwierigkeiten. Jeder Mensch wird von uns geliebt und akzeptiert, so wie er ist. Wir hören auf zu bewerten, zu messen und abzuwägen. Es steht uns nicht zu, über andere zu urteilen. Wir werden immer wieder mit Menschen und Situationen konfrontiert, die uns das Leben schwermachen. Lieben wir sie trotzdem. In dem Augenblick, da wir sie angenommen haben, verschwinden die Schwierigkeiten, die wir mit ihnen hatten, da diese ja nur Projektionen unserer eigenen Fehler und Schwächen sind.

Weitere Themen Tiere und Pflanzen schützen – schwache und behinderte Menschen integrieren – Kritiksucht aufgeben – andere verurteilen und bewerten – sich mit anderen ständig vergleichen wollen – Projektion.

Körperliche Zuordnung Herz – Nieren – Angst – Knie

Seelische Hintergrundthemen

Herzprobleme: Beklemmungsgefühle; Schrei nach Zuwendung; in seiner (seelischen) Mitte erkranken; im Zentrum der Gefühle verletzt sein.
Nieren: Partnerschaft; inneres Gleichgewicht und Harmonie finden; »etwas geht mir an die Nieren«; loslassen lernen.
Angst: nicht (mehr) vertrauen können; Geburtstrauma und unverarbeitete Schocks; sich nicht fallenlassen können; Fluchtgefühle.
Knie: um keinen Preis nachgeben wollen; Sturheit; Ego; Stolz; in die Knie gezwungen werden; Demut; Selbstverleugnung.

Meditation

Stell dir vor, du bist ein wundervolles, strahlendes Sternenwesen. Du versprühst das Licht der Liebe. Mit deinen Strahlen berührst und verzauberst du jedes Lebewesen und verwandelst jede Energie auf dieser Erde. Stell dir vor, du bist jenseits aller Kritik und Bewertung. Du urteilst nicht nach gut oder schlecht, sondern erhellst alles, was in deine Nähe kommt. Stell dir vor, deine Liebe umfaßt alles, und diese Liebe springt auf andere über. Und auch die anderen werden zu wundervollen, strahlenden Sternenwesen. Ihr alle breitet nun den Mantel der All-Liebe über die Menschheit und den Planeten Erde aus. Bis der ganze Kosmos davon erfüllt ist.

38

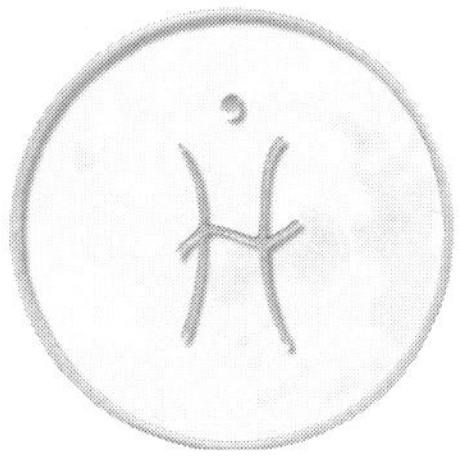

Engel für Karmaerlösung

»Ich darf mich von karmischen Belastungen befreien.«

Grundthema

Mit Hilfe dieses Engel(symbol)s können wir es schaffen, alte und belastende karmische Bindungen und Verstrickungen aufzulösen. Mit vielen – oft sehr nahestehenden – Menschen verbindet uns ein sehr schwieriges Karma, das wir nicht immer allein auflösen können. Dieser Engel hilft und unterstützt uns, das Karma zu erlösen und frei von Fesseln früherer Leben zu werden. Es liegt auch an uns, an der Karmaerlösung mitzuarbeiten – soweit es im Bereich unserer Möglichkeiten liegt. Alles, was darüber hinausgeht, bedarf der Hilfe und des Beistandes unserer Engel. Wenn wir sie darum bitten, dann werden sie uns helfen, unser Karma in diesem Leben zu erlösen.

Weitere Themen

Abhängigkeiten – Hörigkeit – immer wiederkehrende Fehler und Irrtümer – aus Situationen nichts lernen – festhalten an zerbrochenen Beziehungen.

Körperliche Zuordnung

Entgiften und Entschlacken – Herz – Sexualität – Angst

Seelische Hintergrundthemen

Entgiften und Entschlacken: Altes, Verbrauchtes, Ballast abwerfen; sich innerlich reinwaschen; Klarheit und Neubeginn; sich selbst eine neue Chance geben.
Herzprobleme: Beklemmungsgefühle; Schrei nach Zuwendung; in seiner (seelischen) Mitte erkranken; im Zentrum der Gefühle verletzt sein.
Sexuelle Probleme: seinen Körper nicht so akzeptieren, wie er ist; sich nicht fallenlassen können; den anderen auf Distanz halten; sich und dem anderen etwas vorspielen.
Angst: nicht (mehr) vertrauen können; Geburtstrauma und unverarbeitete Schocks; sich nicht fallenlassen können; Flucht.

Meditation

Stell dir vor, du bist gefesselt von einem Gewirr aus Fäden, Schnüren und Stricken. Manche dieser Verkettungen reichen zu anderen Menschen, andere gehen über Zeiten und Leben hinaus. Du kannst dich nicht befreien, denn deine Hände sind gebunden. Du kannst dich nicht einmal bewegen. Auf einmal erscheint hell über dir ein Lichtstrahl. Er kommt näher und näher und ist so hell, daß du deine Augen schließen mußt. Aber du fühlst, daß etwas in Bewegung geraten ist. Du bist in Bewegung geraten. Denn der Lichtstrahl durchtrennt deine Fesseln. Wie mit einem Laserstrahl schneidet er eine Schnur nach der anderen durch. Endlich bist du frei! Danke ihm!

39

Engel für Gnade

»Ich erfahre Gnade
in meinem Leben.«

Grundthema Mit Hilfe dieses Engel(symbol)s können wir uns öffnen, Gnade zu erlangen. Gnade ist ein Geschenk, das wir uns nicht erarbeiten oder verdienen können. In Situationen, in denen alles zum Stillstand gekommen ist, in denen alles hoffnungslos und festgefahren scheint, kann allein die Gnade uns weiterhelfen. Auch in karmischen Beziehungen und Verstrickungen hilft uns der Engel für Gnade weiter, und ein Knoten kann sich lösen. Manchmal ist es Gnade, eine bestimmte Erkenntnis zu erlangen oder eine tiefgreifende Veränderung zu erfahren. Gnade steht außerhalb unseres Wollens und unseres eigenen Willens.

Weitere Themen Hilfe in schwierigen Lebenssituationen und Gefahrensituationen – Loslassen – ein göttliches Geschenk.

Körperliche Zuordnung Verdauungsstörung – Kopfschmerzen – Magen – Unfruchtbarkeit

Seelische Hintergrundthemen

Verdauungsstörung: Eindrücke nicht verarbeiten oder aufnehmen können und wenn doch, liegen sie schwer im Magen.
Kopfschmerzen: Kopflastigkeit; Überbetonung des Intellekts; Perfektionismus; sich etwas in den Kopf setzen; mit dem Kopf durch die Wand wollen; sich etwas vormachen; das berühmte »Brett vorm Kopf« haben.
Magen: Aufnahmebereit sein für Gefühle, Eindrücke; Ärger runterschlucken; Probleme in der Familie; sich als armer Schlucker fühlen .
Unfruchtbarkeit: unbewußte Abwehr einer Schwangerschaft; nicht aufnahmebereit sein; Angst vor der Verantwortung; Streß; Arbeitsüberlastung.

Meditation

39

Stell dir vor, du bist im Krankenhaus zu Besuch.
Die Luft ist stickig und heiß, du siehst das Leid
der Patienten. Einer hat es besonders schwer.
Er steht vor einer großen Operation. Seine Chancen, daß
die Operation gut verläuft, sind sehr gering.
Du siehst sein ausdrucksloses Gesicht.
Niemand kann ihm wirklich helfen. Ein paar
Tage später siehst du ihn wieder. Er hat es geschafft.
Das Wunder, das niemand zu hoffen gewagt hat, ist eingetreten.

40

Engel für Göttliche Kraft

»Mit deiner Hilfe komme ich in die Göttliche Kraft.«

Grundthema ▪ Mit Hilfe dieses Engel(symbol)s können wir es zulassen, von Göttlicher Kraft unterstützt, gestärkt und durchdrungen zu werden. Diese Kraft ist wie ein unendlich großes und starkes Kraftwerk, dessen Energien uns jederzeit zur Verfügung stehen. Dieser Engel hilft uns, noch tiefer in dieses Kraftpotential hineinzugehen bzw. es in unser Leben zu integrieren. Manchmal gibt es Situationen, in denen wir uns ausgelaugt, erschöpft und leer fühlen. Setzen wir uns mit dem Engel der Göttlichen Kraft in Verbindung, meditieren wir mit seinem Symbol, und es wird uns wieder besser gehen.

Weitere Themen ▪ Energielosigkeit – Kontakt mit »Energieräubern« – Burn-out-Syndrom – Energieverlust nach Operationen – völlige geistige und/oder körperliche Erschöpfungszustände.

Körperliche Zuordnung ▪ Knochen – Wirbelsäule – Nervensystem – Blutgefäße

Knochen: Standfestigkeit und Struktur; innere Festigkeit; Normerfüllung; Prinzipienreiterei bis hin zu Härte und Sturheit.
Wirbelsäule: Sitz vieler Emotionen; Dynamik; Halt und Haltung; Rückgrat haben; Aufrichtigkeit.
Nervensystem, zentrales: Vermitteln; Steuern; Regeln; Kontrollieren; Gefühle; Kommunikation.
Blutgefäße: energetisch im Fluß sein; sich und andere versorgen; Lebenskraft; Kommunikation.

Seelische Hintergrundthemen

Meditation

Stell dir vor, du mußt ein Feld bestellen. Der Acker ist voller Steine, die Erde ist sehr hart. Es hat lange nicht mehr geregnet. Mit bloßen Händen gräbst du die Erde auf. Es wird Mittag, und dein Acker ist noch nicht einmal zu einem Viertel bestellt. Erschöpft machst du eine Pause, schläfst im Schatten ein. Als du aufwachst, steht ein Stier vor dir. Ganz golden leuchtet sein Fell, als wäre es aus purem Sonnenschein. Dunkelbraun sind seine Augen, sanft laden sie dich ein, seine Hilfe anzunehmen. Du spannst den Stier vor deinen Pflug und spürst den Unterschied. Lang vor der Dämmerung ist die Erde umgegraben und die Saat gesät. Du dankst dem Stier aus ganzem Herzen und freust dich auf die Ernte.

40

41

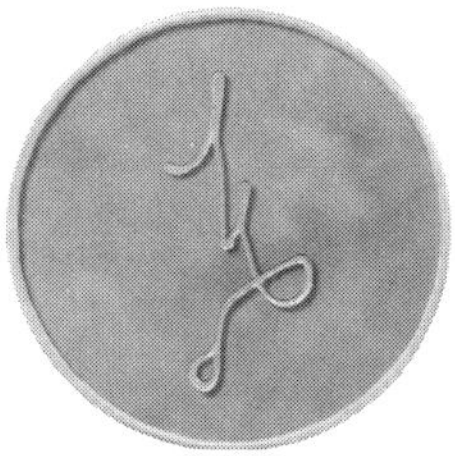

Engel für Göttliche Weisheit

»Mit deiner Hilfe komme ich an meine innere Göttliche Weisheit.«

Grundthema

Mit Hilfe dieses Engel(symbol)s können wir Zugang zu unserer inneren Göttlichen Weisheit erlangen. Wir alle, jeder einzelne von uns, tragen Göttliche Weisheit in uns. Der eine nimmt es besser, der andere weniger gut wahr. Dieser Engel hilft uns, an dieses große Potential heranzukommen. Er unterstützt uns, dieses Geschenk in uns wahrzunehmen, daran zu glauben und es besser zu nutzen. Mehr und mehr spüren wir, daß wir plötzlich Lösungsmöglichkeiten im Kopf haben, die uns vorher nicht im Traum eingefallen wären, oder wir auf einmal zukünftige Situationen wahrnehmen, die sich im nachhinein als richtig herausstellen. Wenn wir an die Göttliche Weisheit angeschlossen sind, geht vieles im Leben leichter.

Weitere Themen

Intuition statt Intellekt – Hellsichtigkeit – Gefühlen vertrauen – der eigenen inneren Stimme vertrauen – Wissen aus früheren Inkarnationen integrieren – auf den inneren Lehrer hören.

Körperliche Zuordnung

Hypophyse – Nervosität – Angst – Kopfschmerzen

Hypophyse/Hirnanhangdrüse/»3. Auge«: Einsicht; nach der inneren Uhr, nach dem inneren (Lebens-)Rhythmus leben.
Nervosität, Nervenzusammenbruch: in extremer Anspannung leben; im Außen kämpfen; Sinnesüberreizung; Überforderung; nicht loslassen können.
Angst: nicht (mehr) vertrauen können; Geburtstrauma und unverarbeitete Schocks; sich nicht fallenlassen können; Fluchtgefühle.
Kopfschmerzen: Kopflastigkeit; Überbetonung des Intellekts; Perfektionismus; sich etwas in den Kopf setzen; mit dem Kopf durch die Wand wollen; sich etwas vormachen; das berühmte »Brett vorm Kopf« haben.

Seelische Hintergrundthemen

Meditation

Suchst du einen Rat, aber kein Mensch kann dir helfen? Dann begib dich in den Korridor der Göttlichen Weisheit. Es ist ein langer, lichterfüllter Gang. Edelsteine säumen seinen Weg, Pflanzen mit wunderbar duftenden Blüten erfreuen deine Sinne. An den Wänden fließt Quellwasser herab und erfrischt dich. Du bist schon viel klarer als zuvor. Da bemerkst du, daß der Korridor viele Türen hat, mit unterschiedlichen Schildern: Gnade, Licht, Liebe, Frieden, Freiheit und noch viel mehr Aufschriften. Geh so lange weiter, bis du zu dem Schild kommst, das zu deiner Frage paßt. Öffne die Tür, und betrete den Raum, der dahinter liegt.

41

42

Erzengel Michael

»Mit deiner Hilfe bin ich auf allen Ebenen geschützt.«

Grundthema ▮ Mit Hilfe von Erzengel Michael (und dessen Engelsymbol) gelingt es uns, in schwierigen Situationen, in denen wir Schutz und Hilfe benötigen, ruhig und gelassen zu bleiben und in seiner Gegenwart sicher zu sein. Er ist der Hüter des ersten Strahls des Lichtes, des blauen Strahls. Blau ist die Farbe der Ruhe, des Friedens, der Geborgenheit. Erzengel Michael bringt Licht in dunkle Situationen, die uns verunsichern, uns Angst machen oder uns belasten. Er schützt uns vor Menschen und Situationen, die uns hinabziehen und vom Weg abbringen wollen. Er unterstützt unser Vertrauen in das Leben, in unseren Lebensplan, in unsere Visionen und in unsere Ziele. Durch ihn erfahren wir Gelassenheit in allen Lebenslagen, egal, wie schwierig sie auch scheinen. Erzengel Michael stärkt unsere Intuition und lehrt uns, daß wir uns nicht nur auf unseren Intellekt verlassen sollen. Situationen, Menschen oder Emotionen, die uns belasten, trennt er von uns, wenn wir ihn darum bitten.

Weitere Themen ▮ Glaube – der Wille Gottes – Recht und Gerechtigkeit – Uneigennützigkeit – Wunschverwirklichung – unterbindet Abhängigkeiten – Auflösung von Blockaden im feinstofflichen Bereich – Hilfe und Beistand beim Sterben – Element Feuer.

Kehlkopf – Hals und Halsprobleme – Haut – Hypophyse

Körperliche Zuordnung

Seelische Hintergrundthemen

Kehlkopf: Probleme im Ausdruck; Wünsche unterdrücken; etwas runterschlucken; keine Stimme (keine Mitbestimmung) haben; jemandem etwas husten.
Hals und Halsprobleme: Kommunikation; etwas nicht schlucken; im Hals steckenbleiben; jemandem an den Kragen gehen; Gier; den Hals nicht voll kriegen.
Hautprobleme: lang Verdrängtes steigt aus dem Unbewußten auf; Berührungsprobleme; sich nach außen abgrenzen; »Faß mich nicht an!«
Hypophyse/Hirnanhangdrüse/»3. Auge«: Einsicht; nach der inneren Uhr, nach dem inneren (Lebens-)Rhythmus leben.

Meditation

Setze oder lege dich bequem hin, und schließe deine Augen. Stell dir vor, wie tiefblaues Licht deinen Körper einzuhüllen beginnt. Es ist das Licht des Friedens. Es bildet, ja es baut richtiggehend eine Schutzschicht auf, in der du dich sicher und geborgen fühlst. Schon sind deine Beine davon eingehüllt, dann der gesamte Rumpf, es wandert über Arme, Schultern und deinen Kopf. Du fühlst dich wie in einen riesigen blauen, wunderbar weichen Wattebausch eingepackt. Du stellst fest, daß alle Ängste und Anspannungen, alle Sorgen und Aufregungen verschwunden sind. Ganz besonders wohltuend empfindest du das blaue Licht im Kopf- und Halsbereich. Du fühlst tiefen inneren Frieden und Vertrauen in das Leben.

42

43

Erzengel Jophiel

»Mit deiner Hilfe gelange
ich an meine innere Weisheit.«

Grundthema ▪ Mit Hilfe von Erzengel Jophiel (und dessen Engelsymbol) gelingt es uns, an unser inneres Wissen und unsere innere Weisheit heranzukommen. Er ist der Hüter des zweiten Strahls des Lichtes, des goldgelben Strahls. Gelb ist die Farbe des Intellekts und des erlernten Wissens; Gold ist die Farbe der Weisheit, die wir in uns tragen. Wenn wir zu sehr im Intellekt, im Kopf sind, können wir unser inneres Wissen nicht leben. Er hilft uns deshalb, beides zu verbinden. Er lehrt uns Weisheit und Geduld, hilft uns, wenn wir entmutigt oder von anderen erniedrigt werden. Er unterstützt alle Suchenden und stärkt uns in unserem geistigen Reifeprozeß. Wenn wir in irgendeinem Bereich Pionierarbeit leisten, uns mit Entdeckungen, Erfindungen oder Erneuerungen befassen, können wir ihn um seine Hilfe bitten. Er lehrt uns auch, daß wir im Licht stehen dürfen. Seine goldgelbe Farbe unterstützt uns, wenn wir von Süchten und Abhängigkeiten loskommen wollen und mit depressiven Verstimmungen zu kämpfen haben.

Weitere Themen ▪ Freie Entfaltung des Geistes – Geisteswissenschaften – innere Festigkeit – Beständigkeit – Wachstum und Reife – Selbstzweifel – Hoffnungslosigkeit – Lebensmüdigkeit – festgefahrene Ansichten und Meinungen – Angst und Verwirrung.

Magen – Nervosität – Verdauung – Winterdepression

Körperliche Zuordnung

Magen: Aufnahmebereitschaft; Gefühle verarbeiten; Ärger hinunterschlucken; sich als armer Schlucker fühlen; Konflikte nicht bearbeiten.
Nervosität: in extremer Anspannung leben; im Außen kämpfen; Sinnesüberreizung; Überforderung; nicht loslassen können.
Verdauungsstörung: Eindrücke nicht verarbeiten oder aufnehmen können und wenn doch, liegen sie schwer im Magen.
Winterdepression: unterdrückte Aggression, meist gegen sich selbst; zuwenig Licht, innen wie außen.

Seelische Hintergrundthemen

Meditation

43

Stell dir vor, wie goldgelbes Licht sich auf deinen Körper herabsenkt und ihn ganz umhüllt. Es ist das Licht der Angstlosigkeit. Ganz besonders stark strahlt es auf deinen Solarplexus im Zentrum deines Körpers. Fühle, wie warm die Region rund um deinen Bauchnabel wird, und atme tief durch. Stell dir vor, wie jede Zelle das goldgelbe Licht aufnimmt und durch den Körper weitertransportiert. Du spürst ein wohligwarmes Kribbeln. Entspannung tritt ein. Dein Magen, der zuvor vielleicht noch verkrampft war, beruhigt sich, wird weich und rund. Du fühlst dich locker und gelöst. Deine Angstgefühle lösen sich auf.

44

Erzengel Chamuel

»Mit deiner Hilfe lerne ich, bedingungslos zu lieben.«

Grundthema ▪ Mit Hilfe von Erzengel Chamuel (und dessen Engelsymbol) gelingt es uns, in Harmonie und Ausgewogenheit, in Liebe und Fürsorge zu leben. Er ist der Hüter des dritten Strahls des Lichtes, des rosafarbenen Strahls. Rosa ist die Farbe der Liebe, der Zärtlichkeit, aber auch der Selbstliebe und des Selbstwertes. Erzengel Chamuel ist der Hüter der Partnerschaft und aller zwischenmenschlichen Beziehungen. Er hilft uns, unsere Gefühle und unser Handeln in Einklang zu bringen, uns emotional fallenzulassen und wirkliche Nähe zuzulassen. Für Menschen, die eine harte und trostlose Kindheit erlebt haben und deshalb selbst Liebe nicht gut zeigen können, ist er eine große Hilfe. Erzengel Chamuel schenkt uns auch Geborgenheit und Urvertrauen in Beziehungen, so daß wir nicht immer alles hinterfragen und kontrollieren müssen.

Weitere Themen ▪ Weiblichkeit (auch: der weibliche Anteil bei Männern) – Verbindung zur Mutter Erde – Gefühlsleben – Romantik – Defizit an Zuwendung – mangelnde Vertrautheit – Verleumdung – Unterwürfigkeit.

Körperliche Zuordnung ▪ Herz – Geschlechtsorgane – Hormonhaushalt – Blase

Herzprobleme: Beklemmungsgefühle; Schrei nach Zuwendung; in seiner (seelischen) Mitte erkranken; im Zentrum der Gefühle verletzt sein.
Geschlechtsorgane: die Polarität überwinden; in die Einheit gehen; Leben schenken.
Hormonprobleme, weibliche: die eigene Weiblichkeit/den eigenen Körper nicht annehmen; Lernschritt Selbstliebe und erfüllte Sexualität; schmerzhaftes Erleben des Frauseins.
Blase: sich Erleichterung verschaffen; etwas oder jemanden loslassen; Druck aushalten; mit Spannungen umgehen.

Seelische Hintergrundthemen

Meditation

Setze oder lege dich bequem hin, und schließe deine Augen. Stell dir vor, wie sich rosafarbenes Licht auf dich herabsenkt und deinen Körper umhüllt. Es ist das Licht der Liebe, es hüllt dich zärtlich ein. Du fühlst dich wie auf einer rosaroten Wolke, federleicht. Am intensivsten leuchtet der rosafarbene Strahl in dein Herz, das gerade noch geschmerzt hat. Vielleicht hast du eine Enttäuschung erlebt oder jemanden verloren. Vielleicht kannst du dich der Liebe auch schwer öffnen. Jetzt kannst du diesen Zustand heilen. Laß das rosa Licht in dein Herz fluten, es stärken und heilen. Nimm so viel, bis du wirklich satt bist. So satt, daß du es an andere Menschen, die du liebst, weiterschicken kannst.

45

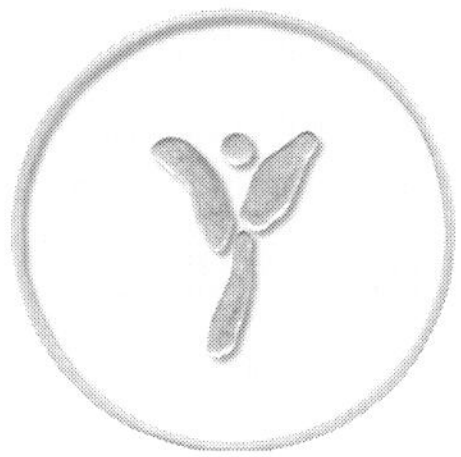

Erzengel Gabriel

»Mit deiner Hilfe
gelange ich zu Klarheit.«

Grundthema

Mit Hilfe von Erzengel Gabriel (und dessen Engelsymbol) gelingt es uns, Situationen zu klären, in denen wir festgefahren sind. Er ist der Hüter des vierten Strahls des Lichtes, des kristallweißen Strahls. Weiß ist die Farbe der Reinigung, der Klärung, der Wahrheit. Erzengel Gabriel hilft uns, die karmischen Hintergründe von Lebensumständen oder zwischenmenschlichen Problemen besser zu verstehen und zu bereinigen. Auch Entscheidungsprozesse werden von Gabriel unterstützt, geführt und geleitet, wenn wir ihn darum bitten.
Er bringt Licht in unklare Situationen und läßt uns unseren nächsten Schritt besser erkennen. Manchmal hält er uns auch einen Spiegel vor. Es ist der Spiegel der Erkenntnis, in dem all unsere blinden Flecken zu sehen sind. Er durchleuchtet Situationen und macht sie transparent, so daß wir sie besser verstehen können. Erzengel Gabriel ist auch der Hüter unserer Gedanken und Worte.

Weitere Themen

Hoffnung auf Besserung – negative Gedankenkraft – Reinigung von Gedanken und Gefühlen – Licht und Klarheit in unsere Schattenbereiche – Cutting (von inneren Fesseln und Abhängigkeiten befreien).

45

Körperliche Zuordnung

alle Chakren – Entgiftung und Entschlackung

Seelische Hintergrundthemen

Entgiftung und Entschlackung: Altes, Verbrauchtes, Ballast abwerfen; sich innerlich reinwaschen; Klarheit und Neubeginn; sich selbst eine neue Chance geben.

Meditation

Setze oder lege dich bequem hin, und schließe deine Augen.
Stell dir vor, wie sich ein reines, klares Licht auf dich
herabsenkt und deinen Körper umhüllt.
Es ist das Licht der Reinigung. Steh im Geiste auf,
und stell dich unter diese Lichtdusche. Wie ein Wasserfall
von reinster Klarheit sprudelt das Licht auf dich nieder.
Spüre, wie alte Schlacken, alte Giftstoffe aus deinem Körper
fortgespült werden. Schon fühlst du dich frischer.
Geh noch tiefer in die Reinigung, in die
Tiefen deiner Seele. Laß auch alle Verspannungen
und Anspannungen wegspülen. Du spürst das Prickeln
auf deiner Haut, und deine Poren beginnen
zu atmen. Du fühlst dich wie neugeboren.

46

Erzengel Raphael

»Mit deiner Hilfe werde ich
heil an Körper, Geist und Seele.«

Grundthema Mit Hilfe von Erzengel Raphael (und dessen Engelsymbol) gelingen uns alle Heilungsprozesse besser. Er ist der Hüter des fünften Strahls des Lichtes, des smaragdgrünen Strahls. Grün ist die Farbe der Genesung, der Regeneration, des Mitgefühls, der Harmonie. Es ist die Farbe der Natur, des Wachstums, des Gleichgewichts. Egal, ob wir selbst der Heilung bedürfen oder anderen zu Heilung verhelfen: Erzengel Raphael sollte immer angerufen werden. Wir stellen uns vor, wie er seinen smaragdgrünen Heilstrahl über uns ergießt. Wenn wir mit Händen heilen, bitten wir ihn, seine Heilkraft durch unsere Hände fließen zu lassen. Er löst verletzte Gefühle auf, bringt Ordnung und Ausgeglichenheit in unser Leben, schenkt uns neue Lebensimpulse und gibt uns lebensfördernde Kraft. Wenn wir durch Disharmonien im zwischenmenschlichen Bereich aus unserer Mitte gefallen sind, hilft er uns, wieder zu uns selbst zu finden.

Weitere Themen Persönliche Freiheit – lebensbejahende Grundeinstellung – zerstörerische Denkmuster aufgeben – Finden der Lebensaufgabe – Lebensimpulse – Nächstenliebe.

46

Körperliche Zuordnung

Herz – der ganze Körper

Seelische Hintergrundthemen

Herzprobleme: Beklemmungsgefühle bezüglich Herzensangelegenheiten; das Herz schreit nach Zuwendung; in seiner (seelischen) Mitte erkranken; im Zentrum der Gefühle verletzt sein.

Meditation

Setze oder lege dich bequem hin, und schließe deine Augen. Stell dir vor, wie smaragdgrünes Licht auf dich niederfließt und deinen Körper umhüllt. Es ist das Licht der Heilung. Ganz sanft dringt dieses Licht in deinen Körper ein, löst Verspannungen, Entzündungen und Schmerzen auf. Atme tief durch, stell dir vor, wie das grüne Licht dein Immunsystem stärkt, wie die Zellen sich wieder erneuern, die Abwehrkräfte mobilisiert werden. Alles in deinem Körper kommt in Ordnung. Atme tief durch. Merkst du, wie deine Lungen den Sauerstoff besser aufnehmen? Spür in dein Herz, wie es sich entspannt. Dein Selbstheilungsprozeß wurde eingeleitet.

47

Erzengel Uriel

»Mit deiner Hilfe lasse
ich die Freude ein in mein Leben.«

Grundthema ▪ Mit Hilfe von Erzengel Uriel (und dessen Engelsymbol) gelingt es uns, Freude und Lebenslust in unser Leben zu lassen. Er ist der Hüter des sechsten Strahls des Lichtes, des rotgoldenen Strahls. Rot ist die Farbe für Aktivität und Tatendrang, Pioniergeist und Leidenschaft, für Regeneration und Energie. Gold steht für Lebensfreude und Sinnlichkeit, Optimismus und Zuversicht, für Reichtum auf allen Ebenen. Erzengel Uriel erfüllt uns mit Dankbarkeit und mit einer positiven Lebenseinstellung. Es liegt an uns, ein zur Hälfte gefülltes Glas als halbvoll oder halbleer zu betrachten. Wenn wir Freude in uns tragen, wird unsere Lebendigkeit gestärkt. Wir haben die schöpferische Kraft, alles umzusetzen und zu manifestieren, was wir uns vorgenommen haben. Ein lebendiges, kreatives, sinnliches Leben steht uns bevor.

Weitere Themen ▪ Göttliche Gnade – Umsetzung von Ideen – Freude an Aktivität, Farben und Formen – Erdung – Auflösung von tiefsitzenden Ängsten, Zweifeln und überintellektuellem Verhalten – Manifestation und Erschaffung von Neuem.

Körperliche Zuordnung ▪ Blutgefäße – Energiemangel – Füße, Fußgelenke

Seelische Hintergrundthemen

Blutgefäße: energetisch im Fluß sein; sich und andere versorgen; Lebenskraft; Kommunikation.
Energiemangel/Müdigkeit: am eigentlichen Leben vorbeileben; Verausgabung in falschen Lebensbereichen; sich von anderen energetisch ausbeuten lassen.
Füße, Fußgelenke: stehen für Standfestigkeit; Verwurzelung; im Leben Fuß fassen; die eigenen Standpunkte vertreten; jemandem zu Füßen liegen.

Meditation

Setze oder lege dich bequem hin, und schließe deine Augen. Stell dir vor, wie rotgoldenes Licht von unten aufsteigt und deinen Körper umhüllt. Es ist das Licht der Lebensfreude. Dieses Licht dringt über deine Fußsohlen in dich ein und steigt bis zum Nabel an. Es aktiviert dich, motiviert dich, energetisiert dich. Deine Lustlosigkeit und deine Müdigkeit verfliegen im Nu, und du läßt dich wieder begeistert auf etwas ein. Vielleicht möchtest du tanzen oder Sport betreiben, oder du genießt die sinnlichen Freuden des Lebens. Laß es nicht bei deiner Vorstellung bleiben. Leg dir deine Lieblingsmusik auf, und beginne, dich zu bewegen. Bald wirst du sehen, wie deine Lebendigkeit ansteckend auf andere Menschen wirkt. Gemeinsam wirst du mit ihnen das Fest des Lebens feiern.

47

48

Erzengel Zadkiel

»Mit deiner Hilfe
vergebe und erlöse ich.«

Grundthema ■ Mit Hilfe von Erzengel Zadkiel (und dessen Engelsymbol) gelingen uns große Umwälzungen und Umstrukturierungen in unserem Leben. Er ist der Hüter des siebenten Strahls des Lichtes, des violetten Strahls. Violett ist die Farbe der Veränderung und Verwandlung, der Trauer, des Leidens, des Nicht-hier-sein-Wollens. Erzengel Zadkiel hilft uns bei tiefgreifenden Veränderungen im Leben wie Trennung, Scheidung, Tod, aber auch bei Job- oder Ortswechsel. Er hilft uns, unser Karma zu erlösen, und unterstützt uns in Situationen, in die wir nicht eingreifen dürfen. Er löst auf, was nicht kosmischen Gesetzen entspricht, und schafft göttliche Ordnung. Erzengel Zadkiel ist »göttliche Reinigungsenergie«. Er löst uns von alten Schatten der Vergangenheit und bereitet uns auf einen Durchbruch und Neubeginn vor. Erzengel Zadkiel hilft, uns selbst und anderen zu vergeben.

Weitere Themen ■ Schuld und Vergebung – göttliche Gnade – Transformation von destruktiven Gedanken – Wiedergeburt auf der geistigen Ebene – Intuition und Telepathie.

Körperliche Zuordnung ■ Gehirn – Kopfschmerzen – Hypophyse

Seelische Hintergrundthemen

Gehirn: zentrale Koordinations- und Kommunikationsstelle; Archiv – Wissen; Kopflastigkeit; zuviel argumentieren; Überbetonung des Intellekts; mangelnde Intuition.

Kopfschmerzen: Kopflastigkeit; Überbetonung des Intellekts; Perfektionismus; sich etwas in den Kopf setzen; mit dem Kopf durch die Wand wollen; sich etwas vormachen; das berühmte »Brett vorm Kopf« haben.

Hypophyse/Hirnanhangdrüse/»3. Auge«: Einsicht; nach der inneren Uhr, nach dem inneren (Lebens-)Rhythmus leben.

Meditation

Setze oder lege dich bequem hin, und schließe deine Augen. Stell dir vor, wie violettes Licht auf dich herabfließt und deinen Körper umhüllt. Es ist das Licht der Verwandlung. Spüre, wie alles Traurige, Bedrückende, Schmerzende von dir abfällt und sich auflöst. Atme tief durch. Gib dich dem Licht der Verwandlung hin, laß die Gedanken schweifen, aber klammere dich nicht daran. Betrachte alles von einer höheren Stufe. Du erkennst die notwendigen Veränderungen in deinem Leben. Du verstehst die erlittenen Schmerzen auf der körperlichen und seelischen Ebene und erkennst die Botschaft, die dahintersteckt. Das violette Licht bringt Veränderung in dein Leben. Nimm sie freudig an!

48

49

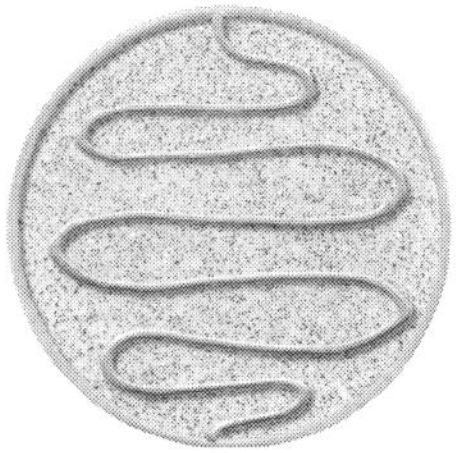

Erzengel Metatron

»Mit deiner Hilfe erfülle
ich meinen Lebensplan.«

Grundthema Mit Hilfe von Erzengel Metatron – dem König der Engel – (und dessen Engelsymbol) gelingt es uns, unseren Lebensplan zu erkennen und zu leben. Er ist der Hüter des weißgoldenen Lichtes. Weiß steht für Transzendenz und Transparenz, Gold bedeutet in seinem Fall die Umwandlung, die Farbe der göttlichen Alchimie. Erzengel Metatron hilft uns bei der Umsetzung unseres persönlichen Lebensplans.

»Wer immer du bist, oder was immer du tust, wenn du aus tiefster Seele etwas willst, dann wurde dieser Wunsch aus tiefster Weltenseele geboren. Das ist dann deine Aufgabe auf Erden ... Unsere einzige Verpflichtung besteht darin, den persönlichen Lebensplan zu erfüllen. Und wenn du etwas ganz fest willst, dann wird das gesamte Universum dazu beitragen, daß du es auch erreichst.« *

Wenn wir uns etwas ganz intensiv wünschen, ist es meist ein Teil unseres Lebensplanes. Dann wird uns Erzengel Metatron helfen, es zu erreichen, auch wenn es mit großen Lernaufgaben verbunden ist. Manche Wünsche gehen erst nach Jahren der Prüfungen in Erfüllung, aber was uns bestimmt ist, gehört zu uns.

*Paulo Coelho, *Der Alchimist*, S. 29, Zürich 1996.

Spiritualität – Akasha-Chronik – Göttliches Licht – Visionen – Verwirklichung – Transzendenz.

Weitere Themen

Erzengel Metatron hilft und unterstützt bei allen körperlichen und seelischen Problemen.

Körperliche Zuordnung

Seelische Hintergrundthemen

Meditation

Setze oder lege dich bequem hin, und schließe deine Augen. Stell dir vor, wie weißgoldenes Licht auf dich herabstrahlt und deinen Körper umhüllt. Es ist das Licht der Glückseligkeit. Tauche ein in dieses wunderbare Gefühl, und laß dich davontragen. Erst schwimmst du auf dieser Welle, bald kannst du nicht mehr unterscheiden, wer die Welle ist und wer du bist. Du wirst leichter und immer leichter, alle Sorgen, Ängste und Zweifel fallen von dir ab. Du fühlst dich frei und unbeschwert, ein Prickeln geht durch deinen Körper. Du hörst Musik und möchtest dazu tanzen, du siehst die Sterne um dich herum, den Kosmos, die Weite, die Unendlichkeit. Feiere dieses Fest! Allmählich kehrst du in dein Tagesbewußtsein zurück, doch du weißt, daß du dich jederzeit mit Metatron in Verbindung setzen kannst.

Legesysteme

Im Anschluß stelle ich Ihnen nun einige Möglichkeiten vor, mit Engelkarten intensiver und umfassender zu arbeiten. Sind Sie einverstanden, wenn ich ab sofort in der »Wir-Form« spreche? Immerhin haben wir uns ja jetzt schon gut kennengelernt ... Und die Probleme, die Anforderungen, vor denen Sie möglicherweise gerade stehen, die sind mir auch bestens bekannt.

Eine Tageskarte ziehen

Denken wir an den heute *bevorstehenden Tag.* Ist es ein ganz normaler Tag, oder steht etwas auf dem Plan, wofür wir eventuell noch spezielle Hilfe und Unterstützung benötigen? Vielleicht haben wir einen Krankenhausbesuch vor, eine Entscheidung zu treffen, eine Prüfung abzulegen, eine Reise zu machen. Bitten wir ganz individuell mit eigenen Worten um die Führung für den heutigen Tag. Die Engelkarte wird uns zeigen, worauf wir achten sollten und welcher Engel uns an diesem Tag ganz besonders stark unterstützt und begleitet.

Wenn wir erst *am Abend* Zeit und Möglichkeit finden, eine Engelkarte zu ziehen, dann fragen wir danach, welche Tagesqualität oder welchen Lernaspekt der jeweilige Tag enthalten hat. Manchmal haben wir eine Begegnung mit anderen Menschen, von der wir nicht wissen, was wir von ihr halten sollen oder was wir aus dem Verhalten dieser Menschen lernen können. Jeder Mensch, jede Situation, und sei sie noch so unangenehm, enthält eine Botschaft für uns. Das Engelsymbol und der Engel können solche Begegnungen entschlüsseln.

Vergangenheit - Gegenwart - Zukunft

Wollen wir ein Thema oder eine Situation näher beleuchten und hinterfragen, wollen wir eine Grundtendenz oder eine Zeitqualität erkennen, so bitten wir unsere Engel um Antwort.

Engel werden uns nie die Zukunft voraussagen, denn damit würden sie uns in unseren Entscheidungen festlegen. Die Zukunft ist veränderbar. Wir gestalten sie jeden Tag neu mit unseren Gedanken, Absichten, positiven oder negativen Programmierungen und unseren Taten. Die Zeitqualität ist vorgegeben, und die ist vorhersehbar. Was wir daraus *machen*, ob wir sie nutzen oder verstreichen lassen, den richtigen Zeitpunkt abwarten oder aus Angst alles verpassen – das alles liegt in unserer Entscheidung.

Wir mischen die Karten, legen sie verdeckt in einem Halbkreis aus und ziehen drei Karten. Sie zeigen uns:

Karte 1
Woher kommt mein Problem?
Was war mein bisheriges Lernprogramm?

Karte 2
Was lerne ich momentan daraus?
Worauf soll ich besonders achten?

Karte 3
Wie werde ich es lösen?
Welcher Engel hilft mir dabei?

Engelhilfe

Stecken wir derzeit in einem Problem, in einer Krise, geht es uns körperlich oder seelisch nicht gut, haben wir einen entscheidenden Schritt zu tun, eine große Entscheidung zu treffen? All diese Themen können mit Hilfe dieses Legesystems beleuchtet werden.

Karte 1 Welcher Engel schützt mich in dieser Situation?

Karte 2 Welcher Engel führt mich durch diese Situation?

Karte 3 Welcher Engel gibt mir Kraft und Stärke, Mut, Ausdauer und Hoffnung?

Karte 4 Welcher Engel nimmt sich meiner besonders an und hilft noch zusätzlich?

Dieses Legesystem können wir in besonders schwierigen Situationen mit den Karten der Erzengel anwenden. In die Mitte des Kreises legen wir eventuell zusätzlich noch ein Foto eines lieben Menschen, der diese Hilfe sehr braucht, und lassen es ein paar Tage liegen. Man kann auch einen Blumenstrauß dazustellen und eine Kerze anzünden.

Es gibt Bergkristalle oder Rosenquarze, die in der Mitte des Steines eine Vertiefung haben, in die man ein Teelicht stellen kann. So kann man das Teelicht bedenkenlos abbrennen lassen, ohne im Raum bleiben zu müssen.

Selbsterkenntnis

Bei dieser Legeart – die ich von Hajo Banzhaf* übernommen und auf die Engelkarten abgewandelt habe – geht es darum, uns selbst und unsere blinden Flecken besser zu erkennen. Nur etwa fünfzehn Prozent aller Gefühle, Erfahrungen, seelischen Schmerzen etc. sind uns bewußt – zum überwiegenden Teil »funktionieren« wir über das Unterbewußtsein. So ist es leicht verständlich, daß wir uns selbst oft etwas vormachen, ohne es zu wissen. Durch dieses Legesystem können wir uns besser kennenlernen.

Aus dem verdeckten Halbkreis ziehen wir vier Karten. Wir stellen zu dieser Legeart keine Fragen. Die Engel zeigen uns über die Symbole unsere Selbstwahrnehmung auf:

Karte 1 zeigt uns das, was uns und anderen über uns bewußt ist.

Karte 2 zeigt uns das, was weder uns noch anderen über uns bewußt ist.

Karte 3 zeigt uns das, was uns über uns bewußt, den anderen jedoch nicht bewußt ist.

Karte 4 zeigt uns das, was uns selbst nicht bewußt, anderen jedoch über uns bewußt ist.

* Hajo Banzhaf, *Schlüsselworte zum Tarot*, München 1999.

Mein Weg

Auch wenn wir manchmal im dunkeln tappen, vor einem Hindernis stehen, das Ziel aus den Augen verloren habe: Engel helfen immer wieder weiter. Das nachfolgende Legesystem kann uns dabei den Weg weisen. Wir ziehen sieben Karten:

Karte 1 Woher komme ich? Was war mein Lernthema? Was habe ich bereits gelernt?

Karte 2 Wo stehe ich? Was ist mein jetziges Lernthema?

Karte 3 Was ist der nächste Schritt? Welches Lernthema tut sich als nächstes auf?

Karte 4 Wo ist meine Hürde, meine Blockade?

Karte 5 Wo liegt meine Hilfe? Welcher Engel hilft mir dabei?

Karte 6 Was ist mein Ziel? Was ist das Ziel meines jetzigen Lernabschnittes?

Karte 7 Welcher Engel hilft mir, dieses Lebens(abschnitts)ziel zu erreichen?

Meine Lernaufgaben

Meistens zeigen uns mehrere Lebensbereiche gleichzeitig Lernaufgaben an. Mit Hilfe dieses Legesystems sehen wir, welche Lernthemen in den einzelnen Bereichen anstehen bzw. welche Engel uns dabei helfen.

Wir ziehen fünf Karten aus dem verdeckten Halbkreis:

Karte 1 Mein persönliches Lernthema.

Karte 2 Meine Pflichten, meine Situation in der Gesellschaft.

Karte 3 Mein größter Wunsch.

Karte 4 Meine Familie, Partnerschaft oder Kinder.

Karte 5 Mein Beruf oder meine Berufung.

Mein neues Lebensjahr

Unser Geburtstag ist ein schöner Zeitpunkt, intensiver mit Engeln in Kontakt zu kommen. Setzen wir uns an den Tisch, zünden eine Kerze an, stellen Blumen dazu (vielleicht unseren Geburtstagsstrauß) und bitten unsere Engel, sich an unseren Tisch zu setzen.

Dann mischen wir die Karten, legen sie verdeckt im Halbkreis aus und bitten unsere Engel um Führung und Begleitung durch das kommende Lebensjahr. Jetzt ziehen wir 13 Karten.

Die erste Karte zeigt die Engelführung des laufenden Monats, die zweite Karte des Folgemonats usw., bis alle 12 Karten ausgelegt sind. Die 13. Karte zeigt uns unser Jahresthema auf.

Schutzkreise

Mit Hilfe der Symbolkarten können wir Schutzkreise legen, wenn wir Unterstützung und Hilfe aus der Engelwelt erbitten. Möglicherweise stehen wir vor einem für uns unlösbaren Problem, es hatte jemand aus der Familie einen Unfall, eine Operation steht ins Haus, eine große Prüfung ist angesagt. Es gibt immer wieder Situationen in unserem Leben, die wir mit Hilfe der Engel besser bewältigen können.

Als Vorbereitung können wir eine Kerze anzünden und einen Blumenstrauß oder eine einzelne Blume dorthin stellen, wo wir den Schutzkreis legen möchten. Auch Räucherwerk oder ein Räucherstäbchen bzw. ein Duftlämpchen mit Aromaölen unterstützen uns bei unserer Arbeit mit den Engeln.

Kleiner Schutzkreis

Wir suchen aus allen Karten folgende Erzengel heraus:
Michael / Gabriel / Raphael / Uriel / Metatron

Dann legen wir sie folgendermaßen aus:

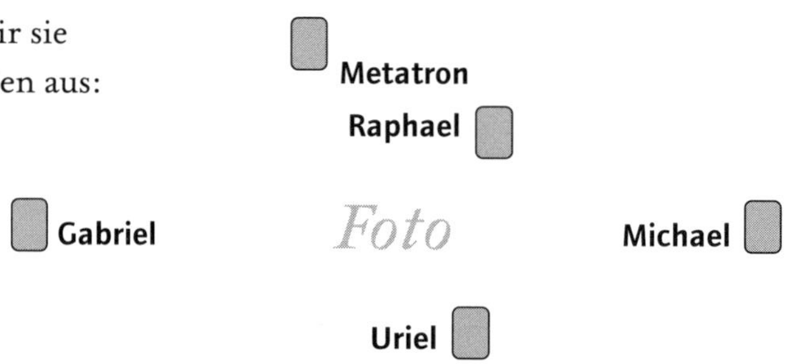

Wir bitten Metatron, daß er die Führung des Schutzkreises übernimmt, Erzengel Michael um Schutz für die Person, deren Foto in der Mitte des

Kreises liegt, Erzengel Raphael um Heilung, Besserung oder Stärkung im körperlichen Bereich, Erzengel Gabriel um Klärung der Situation oder um Klarheit nach Schock und Verwirrung und Erzengel Uriel um Umsetzung und Manifestation unseres Wunsches.

Großer Erzengelschutzkreis

In ganz schwierigen Situationen, in denen alles aussichtslos erscheint, können wir für uns oder andere einen großen Engelschutzkreis legen. Wir verwenden dazu alle sieben Erzengel und Metatron, den König der Erzengel.

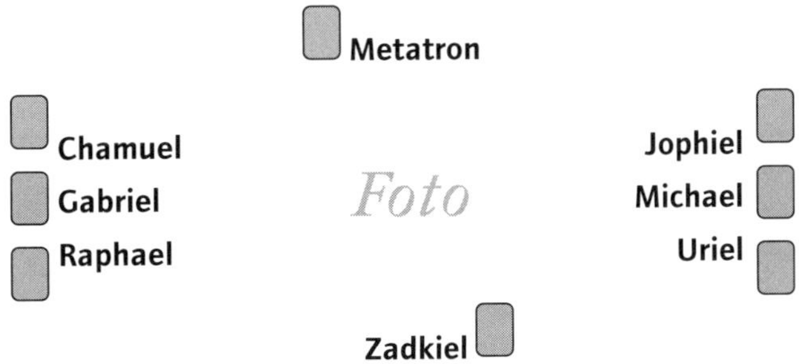

Wir bitten Metatron, daß er die Führung des Schutzkreises übernimmt, Erzengel Michael um Schutz für die Person, deren Foto in der Mitte des Kreises liegt, Erzengel Raphael um Heilung, Besserung oder Stärkung im körperlichen Bereich, Erzengel Gabriel um Klärung der Situation oder um Klarheit nach Schock und Verwirrung, Erzengel Chamuel um das Annehmen von Nähe und Mitgefühl, Erzengel Jophiel um das Verstehen und Annehmen der schwierigen Situation, Erzengel Zadkiel um die Veränderung der Situation zum Guten und Erzengel Uriel um Umsetzung und Manifestation unseres Wunsches.

Fernheilungen

In Situationen, in denen es um Hilfestellung und Unterstützung bei körperlichen oder seelischen Heilungsprozessen geht, ist es manchmal der Fall, daß die zu behandelnde Person nicht in unserer Nähe ist. Trotzdem können wir über die Engelsymbole Hilfestellung geben.

Wir nehmen ein Foto unseres Angehörigen, Freundes, Bekannten, Klienten oder Sorgenkindes und legen ein entsprechendes Symbol darauf. Dieses können wir entweder aus dem Kartenstapel ziehen, auspendeln, mit dem kinesiologischen Muskeltest austesten oder nach der Beschreibung der Engel auswählen. Wir bitten den jeweiligen oder die jeweiligen Engel um Unterstützung, Schutz, Führung und Gnade für unseren Schützling.

Das Foto mit Symbol lassen wir dann so lange liegen, bis wir das Gefühl haben, die Situation hat sich gebessert, bzw. wir mit einem anderen Engel weiterarbeiten wollen.

Aura und Chakren

Wir bestehen nicht nur aus einem physischen, grobstofflichen Körper, sondern auch aus einem feinstofflichen Körper, der *Aura*, die wiederum mehrere Schichten besitzt. Dieser Körper umhüllt uns wie ein elektromagnetisches Feld. Oft nimmt die Aura – früher als unser Verstand – Gefühle und Schwingungen wahr. Wir spüren die Ausstrahlung anderer Menschen, manchmal stark, manchmal weniger stark. Wenn wir zum Beispiel jemandem begegnen, dessen Chemie mit der unseren nicht zusammenpaßt, fühlen wir uns unwohl, auch ohne ein einziges Wort gesprochen zu haben.

Unsere wichtigsten feinstofflichen Körper sind:

- **Der Ätherkörper:**
  Er schließt direkt an unseren physischen Körper an und enthält Informationen über unseren Körper. Über ihn empfangen wir Vitalenergie, Lebenskraft und körperliche Empfindungen.

- **Der Emotionalkörper:**
  Dieser schließt an den Ätherkörper an und ist für unser Gefühlsleben, die Emotionen, Charakterzüge und unsere Instinkte zuständig. Hier werden auch Gefühle gespeichert, die nicht bewußt wahrgenommen oder ausgedrückt werden.

- **Der Mentalkörper:**
  Dieser folgt auf den Emotionalkörper und ist für bewußte und unbewußte Denkprozesse, Denkgewohnheiten, Wertungen, ethische und moralische Wertvorstellungen, Ideen usw. zuständig.

- **Der Spirituelle Körper** (oder Kausalkörper):
  Er verbindet uns mit der Schöpferkraft, unserem Höheren Selbst, dem morphogenetischen Feld und wirkt wie ein Schutzschild gegen Strahlen, Krankheiten, schwarze Magie etc.

In der Aura sind alle Informationen gespeichert, positive wie negative. Sie ist sozusagen unser zweites Gehirn. Wenn wir unangenehme Erfahrungen loswerden wollen, dann reicht es nicht immer, wenn wir sie im Kopf aufarbeiten, wie es in der Gesprächstherapie passiert, sondern wir müssen diese Informationen auch aus unserem Energiefeld ausscheiden.

Innerhalb unserer Aura gibt es **Energiezentren**, die sogenannten *Chakren*. Diese sind die »Sinnesorgane« unserer Seele und unseres Körpers. Man kann sie sich als rotierende Trichter vorstellen, die die Lebensenergie anziehen und diese an die einzelnen Auraschichten, aber auch an unsere Drüsen, Nerven und Organzellen weiterleiten. Ist ein Chakra blockiert und wird über einen längeren Zeitraum im betreffenden Körperbereich keine Lebensenergie aufgenommen, kann es zuerst zu feinstofflichen Blockaden, in weiterer Folge dann auch zu körperlichen Problemen kommen.

In Wirklichkeit gibt es weit über hundert Chakren, doch meist ist von den sieben Hauptchakren die Rede:

1. Energiezentrum – Wurzel- oder Basis-Chakra:
Dieses Chakra liegt im Gesäßbereich und ist nach vorne und unten geöffnet. Es ist direkt mit der Nebennierenrinde und den Keimdrüsen verbunden. Es ist für die Arterhaltung, das Überleben, die Struktur im Körper, die Erdung etc. verantwortlich.

2. Energiezentrum – Sakral- oder Sexual-Chakra:
Es liegt unmittelbar unter dem Nabel und ist für Erotik, Lebensfreude und Beziehungsfähigkeit, aber auch für Erfolg und Lebensfreude zuständig. Dieses Chakra ist mit den Drüsen des Nebennierenmarks verbunden und somit für den Adrenalinhaushalt zuständig. Es ist aber auch mit dem ersten Chakra verbunden und somit auch im körperlichen Bereich für die Fortpflanzung wichtig.

3. Energiezentrum – Solarplexus-Chakra:
Dieses Chakra befindet sich zwischen Rippenenden und Nabel und ist mit den Zellen der Bauchspeicheldrüse (Insulinproduktion) verbunden. Auf der körperlichen Ebene ist es zuständig für das gesamte Verdauungssystem, aber auch für unser vegetatives Nervensystem. Die Themenbereiche auf der seelischen Ebene sind Dominanz, Angst, Macht, Abhängigkeit, Sucht und Depression.

4. Energiezentrum – Herz-Chakra:
Das vierte Chakra ist mit der Thymusdrüse und der Nebenschilddrüse verbunden. Es regelt das Immunsystem, die Stabilität der Knochen und das Muskelgewebe. Herz, Lunge und Blutkreislauf werden ihm ebenso zugeordnet. Auf der seelischen Ebene ist es verantwortlich für die Bereiche Liebe, Geborgenheit, Zusammengehörigkeit, Partnerschaft.

5. Energiezentrum – Hals- oder Kehlkopf-Chakra:
Dieses Chakra befindet sich in der Höhe der Schilddrüse und ist für den oberen Lungenbereich, Bronchien, Halswirbelsäule, Kieferbereich und Ohren zuständig. Es unterstützt uns im Selbstausdruck, unsere Individualität und unsere Kommunikation.

6. Energiezentrum – Stirn-Chakra oder Drittes Auge:
Es befindet sich zwischen den Augenbrauen auf der Stirn und ist mit der Hirnanhangdrüse (Hypophyse) und dem Kleinhirn verbunden. Die körperliche Zuordnung sind Ohren, Nase, Augen, Gesicht und Kopf, aber auch die Feinmotorik unserer Muskulatur. Auf der see-

lisch/geistigen Ebene unterstützt es unsere Selbsterkenntnis, das Erkennen unseres Lebensplanes, Hellsichtigkeit und das Verstehen kosmischer Zusammenhänge.

— **7. Energiezentrum – Scheitel- oder Kronen-Chakra:**
Dieses Chakra befindet sich über unserem Scheitel und ist mit der Hypophyse und den Vorderlappen der Hirnanhangdrüse verbunden. Es fördert die körperliche und geistige Entwicklung eines Menschen und hilft ihm, Zugang zum kosmischen Bewußtsein zu erlangen.

— **Nebenchakren:**
Sie befinden sich in Handflächen, Fußsohlen, Knien und Ellbogen. Durch sie laufen die wichtigsten Meridiane und Nervenbahnen. Sie stellen somit eine wichtige Verbindung zu den verschiedenen Organen im Körper dar.

Engelsymbole können uns helfen, unsere Chakren zu aktivieren und aufzuladen. Wir ziehen eine Karte und sehen in der Aufstellung nach, welchem Chakra die Karte zugeordnet wird. Dann legen wir uns bequem hin, hören unsere Lieblingsmusik, entspannen uns und legen die Symbolkarte mit dem Symbol zum Körper gewandt auf das entsprechende Chakra. Eine Viertelstunde genügt, um Ihr Chakra wieder aufzuladen und zu beleben.

Aura und Chakren

Karte	**1**	Engel für Glauben und Vertrauen – Stirn-Chakra
Karte	**2**	Engel für Liebe und Selbstliebe – Herz-Chakra
Karte	**3**	Engel für Ruhe und Leichtigkeit – Herz-Chakra
Karte	**4**	Engel für Reinheit und Klarheit – jedes beliebige Chakra
Karte	**5**	Engel für Kraft und Stärke – Wurzel-Chakra
Karte	**6**	Engel für Veränderung und Verwandlung – Stirn-Chakra
Karte	**7**	Engel für Optimismus und Schönheit – Herz-Chakra
Karte	**8**	Engel für Richtung und Ziel – Stirn-Chakra
Karte	**9**	Engel für Selbstwert und Selbstvertrauen – Sexual-Chakra
Karte	**10**	Engel für Reife und Weisheit – Solarplexus-Chakra
Karte	**11**	Engel für Geborgenheit und Sicherheit – Sexual-Chakra
Karte	**12**	Engel für Kreativität und Selbstausdruck – Hals-Chakra
Karte	**13**	Engel für Entscheidung und Neuorientierung – Herz-Chakra
Karte	**14**	Engel für Liebe und Bedingungslosigkeit – Herz-Chakra
Karte	**15**	Engel für Schein und Wirklichkeit – Stirn-Chakra
Karte	**16**	Engel für schöpferische Weisheit – Solarplexus-Chakra
Karte	**17**	Engel für Wohlstand und Fülle – Solarplexus-Chakra
Karte	**18**	Engel für Verantwortungsbewußtsein – Wurzel-Chakra
Karte	**19**	Engel für spirituelles Erwachen – Scheitel-Chakra
Karte	**20**	Engel für Liebe und Beziehungen – Sexual-Chakra
Karte	**21**	Engel für Beharrlichkeit und Erfüllung – alle Chakren
Karte	**22**	Engel für Konsequenz und Ordnung – Hals-Chakra
Karte	**23**	Engel für Erkenntnis und Annehmen – Herz-Chakra
Karte	**24**	Engel für wiederkehrende Gedanken und Lösungen – Wurzel-Chakra
Karte	**25**	Engel für spirituelle Kraft und Umsetzung – Scheitel-Chakra

Aura und Chakren

Karte 26 Engel für Erneuerung und Entwicklung – Stirn-Chakra
Karte 27 Engel für Tod und Wiedergeburt – Stirn-Chakra
Karte 28 Engel für Geduld und Zeitlosigkeit – Wurzel-Chakra
Karte 29 Engel für materielle Angelegenheiten – Wurzel-Chakra
Karte 30 Engel für Mut und Beharrlichkeit – Wurzel-Chakra
Karte 31 Engel für Mitmenschlichkeit – Herz-Chakra
Karte 32 Engel für Befreiung von Abhängigkeiten – Hals-Chakra
Karte 33 Engel für das schöpferische Wort – Hals-Chakra
Karte 34 Engel für altes Wissen – Solarplexus-Chakra
Karte 35 Engel für Tatkraft und Erfolg – Solarplexus-Chakra
Karte 36 Engel für Loslassen – alle Chakren
Karte 37 Engel für All-Liebe – Scheitel-Chakra
Karte 38 Engel für Karmaerlösung – alle Chakren
Karte 39 Engel für Gnade – Solarplexus-Chakra
Karte 40 Engel für Göttliche Kraft – Wurzel-Chakra
Karte 41 Engel für Göttliche Weisheit – Solarpelxus-Chakra
Karte 42 Erzengel Michael – Stirn-Chakra
Karte 43 Erzengel Jophiel – Solarplexus-Chakra
Karte 44 Erzengel Chamuel – Herz-Chakra
Karte 45 Erzengel Gabriel – alle Chakren
Karte 46 Erzengel Raphael – Herz-Chakra
Karte 47 Erzengel Uriel – Wurzel-Chakra
Karte 48 Erzengel Zadkiel – Scheitel-Chakra
Karte 49 Erzengel Metatron – alle Chakren

Engel für körperliche und seelische Symptome

Wann immer Sie sich blockiert, angeschlagen oder unwohl fühlen oder sich bereits ein körperliches Symptom zeigt, können Sie sich an den oder die entsprechenden Engel wenden und sie um Hilfe, Heilung und Unterstützung bitten.

Körperliche Probleme haben sehr oft seelische Hintergründe. Wenn Sie nachschlagen, welches Problem welchen Engel braucht, werden Ihnen übergeordnete geistige oder mentale Lernthemen bewußt.

Allergien: starke, unbewußte, nicht erkannte Aggressivität; unterdrückte Vitalität, besonders im Frühling; Überreaktion auf der Körperebene; Kontaktallergien: »Damit will ich nichts mehr zu tun haben!«

Nr. 3 Engel für Ruhe und Leichtigkeit
Nr. 10 Engel für Reife und Weisheit
Nr. 13 Engel für Entscheidung und Neuorientierung
Nr. 17 Engel für Wohlstand und Fülle
Nr. 23 Engel für Erkenntnis und Annehmen

Angst: nicht (mehr) vertrauen können; Geburtstrauma und unverarbeitete Schocks; sich nicht fallenlassen können; Fluchtgefühle.

Nr. 16 Engel für schöpferische Weisheit
Nr. 21 Engel für Beharrlichkeit und Erfüllung
Nr. 30 Engel für Mut und Beharrlichkeit
Nr. 37 Engel für All-Liebe
Nr. 38 Engel für Karmaerlösung
Nr. 41 Engel für Göttliche Weisheit

Arme: Kraft; Macht; Kontakt zur Außenwelt; jemanden umarmen, aber auch, sich etwas vom Leib halten.	Nr. 12 Engel für Kreativität und Selbstausdruck Nr. 18 Engel für Verantwortungsbewußtsein
Atmung: wenig Kontakt nach außen haben; sich beengt fühlen; keine Freiheit haben; sich zu sehr abkapseln.	Nr. 15 Engel für Schein und Wirklichkeit
Augen: Spiegel der Seele; nicht hinschauen wollen; die Augen vor etwas verschließen (verdrängen); Zukunftsangst.	Nr. 4 Engel für Reinheit und Klarheit Nr. 22 Engel für Konsequenz und Ordnung
Bauchspeicheldrüse (Diabetes): die Süße des Lebens (der Liebe) nicht annehmen; nicht eingestandener Wunsch nach Liebe; Liebe geben und annehmen.	Nr. 9 Engel für Selbstwert und Selbstvertrauen
Beine: Standfestigkeit; auf eigenen Beinen stehen; Fortschritt und Vorwärtskommen; sich durchs Leben tragen lassen.	Nr. 21 Engel für Beharrlichkeit und Erfüllung
Blase: sich Erleichterung verschaffen; etwas oder jemanden loslassen; Druck aushalten; mit Spannungen umgehen.	Nr. 14 Engel für Liebe und Bedingungslosigkeit Nr. 17 Engel für Wohlstand und Fülle Nr. 27 Engel für Tod und Wiedergeburt Nr. 36 Engel für Loslassen Nr. 44 Erzengel Chamuel

Bluthochdruck: unter Dauerdruck stehen; permanente Verteidigungsbereitschaft; unbewältigte Autoritätskonflikte; unterdrückte Aggression; blockierte Aktivität.	Nr. 14 Engel für Liebe und Bedingungslosigkeit Nr. 15 Engel für Schein und Wirklichkeit Nr. 21 Engel für Beharrlichkeit und Erfüllung Nr. 22 Engel für Konsequenz und Ordnung Nr. 35 Engel für Tatkraft und Erfolg
Blutgefäße/Blutkreislauf: energetisch im Fluß sein; sich und andere versorgen; Lebenskraft; Kommunikation.	Nr. 5 Engel für Kraft und Stärke Nr. 14 Engel für Liebe und Bedingungslosigkeit Nr. 31 Engel für Mitmenschlichkeit Nr. 40 Engel für Göttliche Kraft Nr. 47 Erzengel Uriel
Brustbereich, Engegefühl im: zuwenig Raum haben; die eigene Persönlichkeit wird eingeengt; Unterdrückung der Gefühle.	Nr. 2 Engel für Liebe und Selbstliebe Nr. 23 Engel für Erkenntnis und Annehmen
Brust, weibliche: Vernachlässigung/Verletzung der eigenen weiblichen Gefühlswelt; tiefer, unverarbeiteter Kummer; Angst, sich selbst zu lieben und zu leben; Mütterlichkeit.	Nr. 2 Engel für Liebe und Selbstliebe Nr. 20 Engel für Liebe und Beziehungen
Darm: Eindrücke verdauen; in die innerste Welt etwas aufnehmen; loslassen von Altem und von der Materie; geben und schenken; Geiz; Kritikfähigkeit.	Nr. 16 Engel für schöpferische Weisheit

Depression: unterdrückte Aggression, oft gegen sich selbst gerichtet; Flucht vor Streß; unterdrückte Trauer.	Nr. 1 Engel für Glauben und Vertrauen Nr. 7 Engel für Optimismus und Schönheit Nr. 31 Engel für Mitmenschlichkeit
Energiemangel, Müdigkeit: am eigentlichen Leben vorbeileben; Verausgabung in falschen Lebensbereichen; sich von anderen energetisch ausbeuten lassen.	Nr. 5 Engel für Kraft und Stärke Nr. 8 Engel für Richtung und Ziel Nr. 19 Engel für spirituelles Erwachen Nr. 31 Engel für Mitmenschlichkeit Nr. 47 Erzengel Uriel
Entgiften und Entschlacken: Altes, Verbrauchtes, Ballast abwerfen; sich innerlich reinwaschen; Klarheit und Neubeginn; sich selbst eine neue Chance geben.	Nr. 4 Engel für Reinheit und Klarheit Nr. 38 Engel für Karmaerlösung Nr. 45 Erzengel Gabriel
Entzündung: grobstofflich gewordener Konflikt, Aggression oder Energiestau; Abwehrreaktion, insbesondere bei neuen Herausforderungen.	Nr. 17 Engel für Wohlstand und Fülle Nr. 33 Engel für das schöpferische Wort
Erkältung: Kommunikation; die Nase voll haben; jemanden nicht riechen können; nichts mehr hinunterschlucken; jemandem etwas husten; »Das läßt mich kalt«.	Nr. 15 Engel für Schein und Wirklichkeit Nr. 21 Engel für Beharrlichkeit und Erfüllung
Füße, Fußgelenke: stehen für Standfestigkeit, Verwurzelung; im Leben Fuß fassen; selbständig die eigenen Standpunkte vertreten; jemandem zu Füßen liegen.	Nr. 8 Engel für Richtung und Ziel Nr. 30 Engel für Mut und Beharrlichkeit Nr. 47 Erzengel Uriel

Gehirn: zentrale Koordinations- und Kommunikationsstelle; Wissen; Kopflastigkeit; zuviel argumentieren; Überbetonung des Intellekts; mangelnde Intuition.

Nr. 19 Engel für spirituelles Erwachen
Nr. 26 Engel für Erneuerung und Entwicklung
Nr. 48 Erzengel Zadkiel

Gelenke: Ausdruck der Beweglichkeit; Grenzen haben und erkennen; sich auf etwas versteifen; Starre.

Nr. 18 Engel für Verantwortungsbewußtsein
Nr. 29 Engel für materielle Angelegenheiten

Geschlechtsorgane: die Polarität überwinden; in die Einheit gehen; Leben schenken.

Nr. 27 Engel für Tod und Wiedergeburt
Nr. 44 Erzengel Chamuel

Hals und Halsprobleme: Kommunikation; etwas nicht schlucken; im Hals steckenbleiben; jemandem an den Kragen gehen; Gier; den Hals nicht voll kriegen.

Nr. 17 Engel für Wohlstand und Fülle
Nr. 33 Engel für das schöpferische Wort
Nr. 42 Erzengel Michael

Hände: Tatkraft; annehmen; geben; besitzen; loslassen; für das eigene Leben verantwortlich sein; andere manipulieren.

Nr. 20 Engel für Liebe und Beziehungen
Nr. 28 Engel für Geduld und Zeitlosigkeit
Nr. 36 Engel für Loslassen

Hautprobleme: lang Verdrängtes steigt aus dem Unbewußten auf; Berührungsprobleme; sich nach außen abgrenzen; »Faß mich nicht an!«

Nr. 2 Engel für Liebe und Selbstliebe
Nr. 20 Engel für Liebe und Beziehungen
Nr. 23 Engel für Erkenntnis und Annehmen
Nr. 32 Engel für Befreiung von Abhängigkeiten
Nr. 42 Erzengel Michael

Herzprobleme: Beklemmungsgefühle; Schrei nach Zuwendung; in seiner (seelischen) Mitte erkranken; im Zentrum der Gefühle verletzt sein.	Nr. 2 Engel für Liebe und Selbstliebe Nr. 3 Engel für Ruhe und Leichtigkeit Nr. 14 Engel für Liebe und Bedingungslosigkeit Nr. 20 Engel für Liebe und Beziehungen Nr. 23 Engel für Erkenntnis und Annehmen Nr. 31 Engel für Mitmenschlichkeit Nr. 32 Engel für Befreiung von Abhängigkeiten Nr. 36 Engel für Loslassen Nr. 37 Engel für All-Liebe Nr. 38 Engel für Karmaerlösung Nr. 44 Erzengel Chamuel Nr. 46 Erzengel Raphael
Hormonprobleme, weibliche: die eigene Weiblichkeit/den eigenen Körper nicht annehmen; Selbstliebe und erfüllte Sexualität; schmerzhaftes Erleben des Frauseins.	Nr. 2 Engel für Liebe und Selbstliebe Nr. 6 Engel für Kraft und Stärke Nr. 10 Engel für Reife und Weisheit Nr. 11 Engel für Geborgenheit und Sicherheit Nr. 44 Erzengel Chamuel
Hüften: die ersten Schritte tun; den eigenen Aktionsradius testen; Fortschritt; Aufstieg; Übertreibung.	Nr. 22 Engel für Konsequenz und Ordnung Nr. 28 Engel für Geduld und Zeitlosigkeit Nr. 32 Engel für Befreiung von Abhängigkeiten

Hypophyse/Hirnanhangdrüse/ »3. Auge«: Einsicht; nach der inneren Uhr, nach dem inneren Rhythmus leben.	Nr. 1 Engel für Glauben und Vertrauen Nr. 6 Engel für Veränderung und Verwandlung Nr. 7 Engel für Optimismus und Schönheit Nr. 24 Engel für wiederkehrende Gedanken und Lösungen Nr. 25 Engel für spirituelle Kraft und Umsetzung Nr. 34 Engel für altes Wissen Nr. 41 Engel für Göttliche Weisheit Nr. 42 Erzengel Michael Nr. 48 Erzengel Zadkiel
Kehlkopf: Probleme im Ausdruck: Wünsche unterdrücken; etwas runterschlucken; keine Stimme (keine Mitbestimmung) haben; jemandem etwas husten.	Nr. 12 Engel für Kreativität und Selbstausdruck Nr. 42 Erzengel Michael
Kiefergelenk: dem Leben ablehnend gegenüberstehen; Angst vor dem Erwachsenwerden; die eigene Männlichkeit/Weiblichkeit verleugnen.	Nr. 13 Engel für Entscheidung und Neuorientierung
Knie: um keinen Preis nachgeben wollen; Sturheit; Ego; Stolz; in die Knie gezwungen werden; Demut; Selbstverleugnung.	Nr. 22 Engel für Konsequenz und Ordnung Nr. 29 Engel für materielle Angelegenheiten Nr. 37 Engel für All-Liebe

Knochen: Standfestigkeit und Struktur; innere Festigkeit; Normerfüllung; Prinzipienreiterei bis hin zu Härte und Sturheit.	Nr. 11 Engel für Geborgenheit und Sicherheit Nr. 21 Engel für Beharrlichkeit und Erfüllung Nr. 22 Engel für Konsequenz und Ordnung Nr. 29 Engel für materielle Angelegenheiten Nr. 35 Engel für Tatkraft und Erfolg Nr. 40 Engel für Göttliche Kraft
Körperflüssigkeiten: im Fluß des Lebens sein; sich tragen lassen; angestaute Energien und Ängste abfließen lassen.	Nr. 10 Engel für Reife und Weisheit
Knöchel: unbeugsam sein, starr; anderen die Schuld geben; Vergnügungen des Lebens nicht annehmen können.	Nr. 8 Engel für Richtung und Ziel
Konzentrationsprobleme: bei sich bleiben; nicht abschweifen oder in Äußerlichkeiten flüchten; etwas auf den Punkt bringen.	Nr. 15 Engel für Schein und Wirklichkeit Nr. 19 Engel für spirituelles Erwachen Nr. 24 Engel für wiederkehrende Gedanken und Lösungen
Kopfschmerzen: Kopflastigkeit; Überbetonung des Intellekts; Perfektionismus; sich etwas in den Kopf setzen; mit dem Kopf durch die Wand wollen; sich etwas vormachen; das berühmte »Brett vorm Kopf« haben.	Nr. 1 Engel für Glauben und Vertrauen Nr. 10 Engel für Reife und Weisheit Nr. 16 Engel für schöpferische Weisheit Nr. 24 Engel für wiederkehrende Gedanken und Lösungen Nr. 25 Engel für spirituelle Kraft und Umsetzung Nr. 34 Engel für altes Wissen Nr. 38 Engel für Karmaerlösung Nr. 41 Engel für Göttliche Weisheit Nr. 48 Erzengel Zadkiel

Lunge: Kontakt nach außen; Kommunikation; frei atmen; sich austauschen können; offen sein.	Nr. 3 Engel für Ruhe und Leichtigkeit Nr. 20 Engel für Liebe und Beziehungen Nr. 23 Engel für Erkenntnis und Annehmen Nr. 30 Engel für Mut und Beharrlichkeit Nr. 32 Engel für Befreiung von Abhängigkeiten
Lymphsystem: aufbegehren; sich verteidigen lernen; sich Konflikte und Auseinandersetzungen bewußtmachen; Dinge in Angriff nehmen.	Nr. 10 Engel für Reife und Weisheit
Magen: Aufnahmebereit sein für Gefühle und Eindrücke; Ärger runterschlucken; Probleme in der Familie; sich als armer Schlucker fühlen.	Nr. 9 Engel für Selbstwert und Selbstvertrauen Nr. 39 Engel für Gnade Nr. 43 Erzengel Jophiel
Nackenprobleme: sich »hartnäckig« weigern, ein Problem von einer anderen Seite zu betrachten; jemand sitzt mir im Nacken.	Nr. 6 Engel für Veränderung und Verwandlung
Nervosität: in extremer Anspannung leben; im Außen kämpfen; Sinnesüberreizung; Überforderung; nicht loslassen können.	Nr. 26 Engel für Erneuerung und Entwicklung Nr. 28 Engel für Geduld und Zeitlosigkeit Nr. 40 Engel für Göttliche Kraft Nr. 41 Engel für Göttliche Weisheit Nr. 43 Erzengel Jophiel

Nieren: stehen für Partnerschaft; inneres Gleichgewicht und Harmonie finden; »etwas geht mir an die Nieren«; loslassen lernen.	Nr. 13 Engel für Entscheidung und Neuorientierung Nr. 37 Engel für All-Liebe
Oberschenkel: Fortschritt verhindern; nicht weiterkommen; keine Kraft für Veränderungen aufbringen wollen; Hochmut.	Nr. 11 Engel für Geborgenheit und Sicherheit Nr. 28 Engel für Geduld und Zeitlosigkeit
Ohren: auf die innere Stimme zu wenig horchen; durch emotionale oder akustische Überbelastung die Ohren verschließen; unbewältigter Streß; »Ich kann es nicht mehr hören«; Horchen – Gehorchen; »Wer nicht hören will, muß fühlen.«	Nr. 4 Engel für Reinheit und Klarheit
Osteoporose: mangelnde Stabilität; zu wenig gefestigt sein; Ballast und alte Lebensmuster mit sich tragen.	Nr. 35 Engel für Tatkraft und Erfolg
Rückenschmerzen: nicht zu sich selbst stehen; unbewußte Unaufrichtigkeit; sich unter Druck gesetzt fühlen; keinen Rückhalt finden.	Nr. 18 Engel für Verantwortungsbewußtsein Nr. 22 Engel für Konsequenz und Ordnung Nr. 25 Engel für spirituelle Kraft und Umsetzung

Schilddrüse: *Überfunktion*: Konflikte mit Autorität und Abhängigkeit; Überforderung; Lebensgier; verdrängte Todesangst. *Unterfunktion*: sich von der Außenwelt abschotten; fehlende Süße im Leben; Rückzug.	Nr. 33 Engel für das schöpferische Wort
Schulterbereich: bedrückende Lasten werden fühlbar; Unerträgliches mit sich schleppen; sich vieles aufladen, das einen eigentlich gar nichts angeht.	Nr. 3 Engel für Ruhe und Leichtigkeit Nr. 12 Engel für Kreativität und Selbstausdruck Nr. 18 Engel für Verantwortungsbewußtsein
Schlafstörungen: die Kontrolle nicht aufgeben wollen; kreisende Gedanken; Angst; zuviel Energie.	Nr. 17 Engel für Wohlstand und Fülle Nr. 24 Engel für wiederkehrende Gedanken und Lösungen
Sexualität: seinen Körper nicht so akzeptieren, wie er ist; sich nicht fallenlassen können; den anderen auf Distanz halten; sich und dem anderen etwas vorspielen.	Nr. 5 Engel für Kraft und Stärke Nr. 27 Engel für Tod und Wiedergeburt Nr. 36 Engel für Loslassen Nr. 38 Engel für Karmaerlösung
Sinnesreizungen: Überforderung; sich etwas vormachen; sich von etwas täuschen lassen; im Konsumrausch untergehen.	Nr. 26 Engel für Erneuerung und Entwicklung Nr. 34 Engel für altes Wissen
Stimmbänder: Zeichen für emotionalen Selbstausdruck; in Kontakt treten; sich »outen«; verbaler Austausch.	Nr. 12 Engel für Kreativität und Selbstausdruck Nr. 33 Engel für das schöpferische Wort

Stirnhöhlen: »verschnupft sein«; »von jemandem/etwas die Nase voll haben«; »ein Brett vorm Kopf haben«; zu sehr im Intellekt leben; seine Intuition verkümmern lassen.	Nr. 4 Engel für Reinheit und Klarheit Nr. 19 Engel für spirituelles Erwachen
Streß: übertriebener Ehrgeiz; jemandem etwas beweisen wollen; auf Hochtouren sein; den inneren Antrieb mißbrauchen.	Nr. 30 Engel für Mut und Beharrlichkeit Nr. 35 Engel für Tatkraft und Erfolg
Sucht und Suchtverhalten: auf einer Ersatzebene steckenbleiben (Essen, Rauchen, Sex); Flucht vor der Welt (Drogen, Fernsehen); das Risiko herausfordern wollen (Spiel).	Nr. 6 Engel für Veränderung und Verwandlung
Unfruchtbarkeit: unbewußte Abwehr einer Schwangerschaft; nicht aufnahmebereit sein; Angst vor der Verantwortung; Streß; Arbeitsüberlastung.	Nr. 27 Engel für Tod und Wiedergeburt Nr. 38 Engel für Karmaerlösung
Verdauungsstörung: Eindrücke nicht verarbeiten oder aufnehmen können und wenn doch, liegen sie schwer im Magen.	Nr. 13 Engel für Entscheidung und Neuorientierung Nr. 16 Engel für schöpferische Weisheit Nr. 38 Engel für Karmaerlösung Nr. 43 Erzengel Jophiel
Verstopfung: seelische Belastungen nicht loslassen wollen; sich mit Unbrauchbarem belasten; Habgier; Langsamkeit; sich innerlich ausgetrocknet fühlen.	Nr. 26 Engel für Erneuerung und Entwicklung Nr. 36 Engel für Loslassen

Winterdepression: unterdrückte Aggression, meist gegen sich selbst; zuwenig Licht, innen wie außen; sich getrennt fühlen von der Schöpfung.	Nr. 7 Engel für Optimismus und Schönheit Nr. 43 Erzengel Jophiel
Wirbelsäule: Sitz vieler Emotionen; Dynamik; Halt und Haltung; Rückgrat haben; Aufrichtigkeit.	Nr. 25 Engel für spirituelle Kraft und Umsetzung Nr. 40 Engel für Göttliche Kraft
Zähne: Mittel der Durchsetzung; Zähne zeigen; Biß haben; Aggression; Urvertrauen.	Nr. 29 Engel für materielle Angelegenheiten
Zirbeldrüse (Epiphyse): deren Funktion ist wissenschaftlich noch nicht geklärt. In alten Kulturen galt sie als der Sitz der Seele.	Nr. 7 Engel für Optimismus und Schönheit
Zwerchfell: keine Grenzen ziehen können; sich Rückschritte erlauben; Probleme mit der Polarität.	Nr. 9 Engel für Selbstwert und Selbstvertrauen

Mehr zu den Engelsymbolen

Engelsymbole und Feng Shui

Feng Shui, die Lehre vom gesunden und harmonischen Wohnen, nutzt neben grundsätzlichen Wohnkonzepten auch verschiedene Gegenstände und Symbole, um die Lebensenergie in Räumen zu optimieren. Nicht immer ist es möglich, vorhandene Räume nach den optimalen Feng-Shui-Grundsätzen zu gestalten. Wenn eine wichtige Ecke im Raum fehlt, ein Mauervorsprung zu groß ist, dann ist guter Rat teuer. Wichtig ist vor allem, in welcher Form Räume genutzt werden, ob als Arbeits- oder Ruheraum, als Kommunikations- oder Kreativbereich.

Die Engelsymbole können die Energie in Räumen verändern. Je nachdem, welches Engelsymbol man wählt, kann man einen Raum energetisieren oder beruhigen, klären oder aufheitern. Sie können dazu die Engelkarten verwenden. Eine wirkungsvollere Alternative dazu ist die Verwendung von Engel-Transparent-Symbolen. (Siehe Kapitel: *Wo bekomme ich was?*)

Ein Vorzug der Engel-Transparent-Symbole ist, daß man sie jederzeit und problemlos ablösen und auf jeder anderen beliebigen Glas- oder Spiegelfläche wieder anbringen kann.

Persönliche Engelsymbole

Jeder Mensch ist einzigartig. Das drückt sich schon in seinem Äußeren aus, vor allem aber zeigt es sich in seiner Seele. Dazu kommt noch, daß jeder Mensch seinen eigenen individuellen Lebensplan in sich trägt. Wer sich ein wenig mit Astrologie beschäftigt hat, weiß, daß das

Geburtshoroskop die Abbildung des eigenen Lebensplanes darstellt. Zu dem Zeitpunkt unserer Geburt prägt uns die am Himmel ersichtliche Sternenkonstellation – auf der symbolischen Ebene gesehen – den Stempel der jeweils herrschenden Zeitqualität auf.

Dieser kosmische Stempel prägt uns ein Leben lang. Wir haben bestimmte Fähigkeiten und Anlagen, aber auch Fehler, Schwächen und Blockaden mit auf den Weg bekommen. Und wir sind hier, um unser Potential zu entfalten und unsere Blockaden und Stolpersteine aufzulösen und zu überwinden.

Manchmal geraten wir dabei in Schwierigkeiten. Wenn wir über einen längeren Zeitraum über Probleme hinwegschauen, sie ignorieren, dann klopfen sie immer lauter und lauter an. Meist durch körperliche Symptome, manchmal auch durch seelische Probleme. Und bisweilen gibt es Situationen, in denen wir überfordert sind, alles allein aufzuarbeiten. Gott sei Dank gibt es gute Freunde, die uns dabei helfen, und in heikleren oder tiefergehenden Bereichen stehen uns Therapeuten und vielfältige Methoden zur Verfügung. Oder eben Engel.

Engelsymbole sind für alle wirksam. Sie verändern die Seelenstruktur eines Menschen positiv und unterstützen einen Heilungsprozeß auf der körperlichen und seelischen Ebene. Sie haben die höchsten Schwingungen und Energiefrequenzen und arbeiten sich durch alle Chakren und Auraschichten durch. Sie können als Therapie allein oder kombiniert mit anderen Heilmethoden verwendet werden. So individuell jeder einzelne Mensch ist, so individuell ist auch das entsprechende Engelsymbol, das der einzelne jeweils benötigt. Deshalb gibt es auch die

Möglichkeit, sein *individuelles, persönliches Engelsymbol* zu erhalten. (Siehe dazu das Kapitel: *Wo bekomme ich was*?)

Für Therapeuten

Für Therapeuten wurden eigene Engel-Therapie-Symbolsets entwickelt, und zwar unabhängig nach der Ausrichtung der Therapieform. Angesprochen fühlen sollen sich Berufsgruppen wie Masseure, Kinesiologen, Atemtherapeuten, Rebirther, Anwender der Grinberg-Methode, der Kleinschen Methode, der Cranio-Fluid-Dynamics-Methode und alle, die im privaten Umfeld anderen helfen wollen.

Abgestimmt auf das jeweils zu bearbeitende Thema entstanden 59 Engel-Therapie-Symbolsets, die 7–15 spezielle Therapie-Symbole zu einem Anwendungsbereich zusammenfassen. So gibt es z. B. Symbolsets für die Bereiche:

Meridiane/ Chakren/ Kopfschmerzen/ Entgiftung
Entschlackung/ Süchte/ Allergien/ Fußreflexzonen/
Ängste/ Karmische Belastungen/ Fremdenergie etc.

Diese Symbole werden bereits von einigen Therapeuten in der Praxis eingesetzt. Die Rückmeldungen sind sensationell. Ein Buch mit dem Titel „Heilen mit Engel-Therapie-Symbolen. Die Kraft der Engel in Therapie und Alltag.“ ist in Vorbereitung.

Engel-Essenzen

Engel-Essenzen sind als sinnvolle Ergänzung oder Abrundung zur Arbeit mit den Engelkarten bzw. Engelsymbolen gedacht. Sie enthalten die gleiche Grundschwingung wie das entsprechende Symbol. Damit man auf den ersten Blick erkennt, welche Essenz welchem Symbol zugeordnet ist, sind die jeweiligen Symbole auf den Essenz-Fläschchen abgebildet.

Die Bezugsquellen dafür finden Sie in dem Kapitel: *Wo bekomme ich was*? Ein Buch mit dem Titel „Heilende Engelessenzen. Geschenke aus der Engelwelt“, das die Wirkungsweise und Anwendung der Engelessenzen 1 - 49, Engel-Kombi-Essenzen und Engel-Aura-Essenzen beschreibt, ist in Vorbereitung.

Ärzte und Engel/Ä & E

Immer mehr ganzheitlich orientierte Mediziner beziehen in ihre therapeutische Arbeit die Energien von Engeln mit ein. Nur wenige geben dies auch preis. Das Projekt »Ä & E« wendet sich an Ärzte, die mit Engelsenergien arbeiten. Ihre Erfahrungen sollen gesammelt und in Folge einem breiteren Publikum zugängig gemacht werden. Auf Wunsch wird absolute Diskretion zugesagt. Die Autorin bittet sowohl Ärzte als auch Klienten um Erfahrungsberichte.

Meine persönliche Literaturempfehlung

... zum Thema Engel

Cabeza, Marta: *Tag für Tag mit den Engeln.* Güllesheim 1997.
Dieses Buch mit kleinen Engel-Kärtchen ist gedacht für die tägliche Meditation mit Engeln. Liebevoll-witzige Illustrationen.

Czajkowski, Hania: *Mit Engeln spielen.* Seeon 1996.
Ein wunderschönes, verspieltes Kartenset mit Buch für den täglichen Kontakt mit unseren Engeln.

Gregorian, Linda: *Schutz-Engel.* Weyarn 1999.
Ein weiteres Buch für Engel-Neulinge mit zahlreichen Erfahrungsberichten von Menschen, die mit Engeln erste Erlebnisse und Kontakte hatten.

Heynold, Constanze: *Engel - Liebe ist der Weg.* Aitrang 1998.
Die Autorin ist Künstlerin – das spiegelt sich auch in diesem Buch wider. Es enthält außerdem viel Wissenswertes über die Engelwelt.

Hrdlicka, Heinrich H.: *Der Weg über die Grenzen.* Güllesheim 1989.
Ein gechanneltes Buch, das uns hilft, nicht nur unsere menschliche Ebene sondern auch die Hintergründe auf der geistigen Ebene zu verstehen. Eine Pflichtlektüre – trotzdem humorvoll geschrieben – für alle, die die Zusammenhänge zwischen Himmel und Erde besser verstehen möchten.

Hrdlicka, Heinrich H.: *Der Zufall und seine Gesetzmäßigkeiten.* Güllesheim 1996.
Dieses gechannelte Buch erklärt, warum es keine Zufälle gibt und was wir aus den sogenannten »Zufällen« lernen dürfen.

Klein, Benjamin: *Kennst du deinen Engel.* Ravensburg 1993.
Ein Buch erzählt von einem behinderten Kind und seinem Schutzengel. Es beleuchtet die Hintergründe von körperlichen Behinderungen aus einer höheren Sichtweise.

Lackner, Ferry: *Das Licht der Engel.* Aitrang 1999.
Buch mit Karten. Mit Hilfe dieses Kartensets kann man intensiv mit Erzengeln arbeiten. Ein Klassiker der Engelliteratur.

Mattheus, Ursula, und Gabriel, Hellena: *Mit Engeln entscheiden. Engelkarten.* Saarbrücken 1995.
Mit Hilfe dieser Entscheidungskarten unterstützen uns die Engel, wenn wir vor schwierigen Fragen stehen.

Pfaffenhoff, Jean Marie: *Die Engel deines Lebens.* Güllesheim 1997.
In diesem Buch werden die Schutzengel der Kabbala und eine mögliche Integration der Kabbala ins tägliche Leben beschrieben.

Schneider, Petra, und Pieroth, Gerhard K.: *Engel begleiten uns.* Aitrang 2000.
Eines der wichtigsten Bücher über Erzengel. Sehr ausführlich bescheibt es die Welt der Engel, Erzengel und Erdengel.

Smith, Robert C.: *Schutzengel und Heilengel.* Grafing 1996.
Ein zweiter Schritt für Engel-Neulinge.

Taylor, Terry Lynn: *Warum Engel fliegen können.* München 1995.
Ein Buch für Einsteiger. Man wird mit der Engelwelt vertraut gemacht und aufgefordert, persönlichen Kontakt zu knüpfen.

Wallimann, Silvia: *Erwache in Gott.* Freiburg 1999.
Ein »Arbeitsbuch« für alle, die sich sehr intensiv mit der geistigen Welt und Engeln beschäftigen möchten.

Wauters, Ambika: *Das Engel-Orakel.* Kreuzlingen 2000.
Dieses Buch mit Karten gibt uns die Möglichkeit, mit verschiedenen Engeln und Erzengeln in Kontakt zu treten und Botschaften für unser Leben zu erhalten.

Wiemer, Liza M.: *Wir sind immer für dich da.* Freiburg 1999.
Dieses Buch gibt genaue Anleitungen, wie man mit Engeln in Kontakt treten und mit ihnen kommunizieren kann.

Zopf, Regine: *Die Vollendung. Eine Erzählung über die Engel auf Erden.* Scharnhorst 1998.
Eine Pflichtlektüre für alle, die wissen wollen, wer Engel sind, woher sie kommen, und was wir mit ihnen zu tun haben.

Verwendete Literatur

Banzhaf, Hajo: *Schlüsselworte zum Tarot.* München 1999.

Coelho, Paulo: *Der Alchimist.* Zürich 1996.

Dahlke, Ruediger: *Krankheit als Symbol. Handbuch der Psychosomatik.* München 1996.

Price, John Randolph: *Engel-Kräfte.* München 1999.

Wo bekomme ich was?

Engel-Transparent-Symbole
Engel-Therapie-Symbole
Persönliche Engelsymbole
Engelessenzen
Engel-Kombi-Öle
Engel-Aura-Essenzen
Seminare

LICHTPUNKT
Ingrid Auer
Mozartstraße 28
A-3300 Amstetten
Tel.: +43 (0) 664 / 48 00 676
Fax: +43 (0) 74 72 / 6 91 72
Internet: http://www.engelsymbole.at
E-Mail: info@engelsymbole.at

Vertrieb Deutschland:
Gerald Fasching
fasching energies
Harter Str. 14
A-3300 Amstetten-Winklarn
Tel.: +49 (0) 160 / 95 30 26 06
bzw. +43 (0) 664 / 32 58 431
Fax: +43 (0) 7472 / 68 926
Internet: http://www.energies.at
E-Mail: fasching@energies.at

Vertrieb Schweiz:
Atelier M+M Oechslin
Gähwilerstrasse 16
CH-9533 Kirchberg / SG
Tel.: +41 (0) 71 / 931 32 88
Fax: +41 (0) 71 / 931 32 52
Internet: http://www.oechslin.ch
E-Mail: mm@oechslin.ch

Ingrid Auer

Praxishandbuch der Engelsymbole

und Engel-Therapie-Symbole

Mit diesem Buch gibt Ingrid Auer dem Leser ein Arbeitsbuch an die Hand, mit dessen Hilfe es wirklich jedem möglich ist, sowohl die Engel-Symbole als auch die Engel-Therapie-Symbole auf ganz einfache und unkomplizierte Art und Weise zu verwenden. Dieses Buch geht dabei weit über die in den vorigen Büchern beschriebenen Anwendungen hinaus, indem es detailliert aufzeigt, wie man diese segensreichen Symbol-Karten noch nutzen und einsetzen kann – beispielsweise durch das Legen von Schutzkreisen, mit denen man Engelhilfe für Alltag, Beruf und Familie herbeiholen kann.

168 Seiten, zweifarbig, broschiert
€ [D] 17,90 / sFr 32,20
ISBN 978-3-89845-132-1

Ingrid Auer

Heilende Engelessenzen und Engelöle

Energien der Neuen Zeit

Das dritte Buch von Ingrid Auer ist als Hilfestellung für den Anwender von Engelessenzen und -ölen unverzichtbar. Durch seine Übersichtlichkeit und seine klare Gliederung gewährleistet es eine effiziente Handhabung für Laien wie für Therapeuten.
Die Engelessenzen und Engelöle werden von der Autorin in Kooperation mit der Engelwelt hergestellt und sind als neue Energien erst seit kurzem auf unserem Planeten verfügbar. Sie wirken in den allerhöchsten, feinstofflichen Ebenen und gelten damit als eine „Medizin des Neuen Jahrtausends".

202 Seiten, broschiert
€ [D] 14,90 / sFr 27,30
ISBN 978-3-89845-044-7

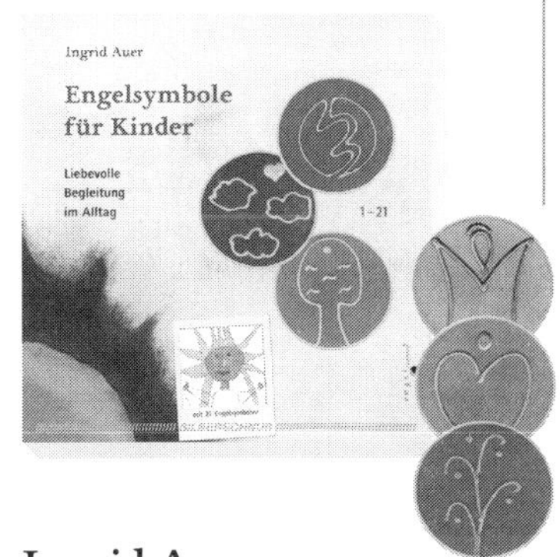

Ingrid Auer

Engelsymbole für Kinder

Liebevolle Begleitung im Alltag

Integrieren Sie die Engel in den Alltag Ihrer Familie! Dieses Set aus 21 neuen Engelsymbolen, kindgerecht auf runde Karten gedruckt, und Buch hilft, die Sensitivität der Kinder zu fördern und ihnen in ihrer Entwicklung zu helfen. Es hilft aber auch Erwachsenen, ihr Herz den Engeln zu öffnen. Finden Sie als Erwachsener zurück zu dem natürlichen Zugang zur Engelwelt, den Kinder noch haben.
Mit diesem Set unterstützen Sie die spirituelle Weiterentwicklung Ihrer Kinder, denn Kinder lieben Engel – und Engel lieben Kinder.
„Engelsymbole für Kinder" ist gleich doppelt verwendbar:
Als gemeinsames „Spiel" für Erwachsene und Kinder und als „spirituelles Aufklärungsbuch" für Erwachsene.

21 runde Karten
Buch 202 Seiten, gebunden
€ [D] 25,90 / sFr 45,20
ISBN 978-3-89845-065-2

Marie-Pascale Rémy

Erfahrungen mit Engeln

Was ist ein Engel? Er ist eine Manifestation Gottes. Er ist aber auch ein Teil von uns selbst – in einer anderen Form. Über Engel zu sprechen, das ist gleichbedeutend damit, über Gott zu sprechen sowie eine meist vernachlässigte und versteckte Zone von sich selbst zu erfahren. Der Engel ist derjenige, der die Begabungen und verborgenen Talente in jedem von uns wecken kann – immer das Beste erwartend.
Wie kann man nun Erfahrungen mit Engeln machen? Dieser praktische Ratgeber bietet zahlreiche Übungen, die eine einfühlsame Annäherung an die tägliche Präsenz des Engels in unserem Leben möglich machen.

216 Seiten, broschiert
€ [D] 12,90 / sFr 23,80
ISBN 978-3-89845-121-5

Ursina Würmli

Engelwelten
– Das Set

Lassen Sie sich von den Engeln verzaubern

Schon seit Jahren verbreitet die bekannte Schweizer Künstlerin Ursina Würmli die Botschaft der Engel mit ihren wunderbaren Bildern. Nun gibt es ihre Bilder auch als Kartenset mit einem Begleitbüchlein, das inspiriert und zum Meditieren anregt. Lassen Sie sich verzaubern von den zarten Engelwesen, oder lassen Sie sich jeden Tag mit einem neuen Gedanken aus einer von 36 Karten inspirieren. Geben Sie den Boten Gottes eine Chance, auch in hektischen Zeiten zu Ihrer Seele durchzudringen. Ziehen Sie eine Karte und nehmen Sie sich die Zeit, über den Impuls zu meditieren.

36 Karten & Buch
mit 80 Seiten, broschiert
€ [D] 21,90 / sFr 38,70
ISBN 978-3-89845-062-1

Marta Cabeza

Tag für Tag mit den Engeln

„Tag für Tag mit den Engeln" ist ein Spiel der Verwandlung, das uns hilft, unsere Alltagswirklichkeit bewusst zu erleben, indem es uns mit unserem „inneren Engel" verbindet. So bekommen wir die große Chance, Vergangenheit und Zukunft zu verändern, zugunsten einer bewusst gelebten Gegenwart voller Liebe und stets geleitet durch unsere Intuition.
Können die Engel Ihr Leben verändern? Versuchen Sie es. Nur Sie allein können es herausfinden ...

50 Karten mit Handbuch
€ [D] 19,90 / sFr 35,40
ISBN 978-3-89845-084-3

Mehr unter www.silberschnur.de |